- 南京大学名家传记丛书 -

钟山之秀

——孙钟秀院士纪传

叶蓉华 主编

南京大学出版社

序

    21世纪之初,在南京大学遵循"着力内涵发展,彰显南大特色"的办学思路和以建设"第一个南大"为目标导向,朝着世界一流大学阔步迈进之际,学校的计算机学科也正进入蓬勃发展的新阶段。置身于这样一个新的历史节点上,回望上世纪六七十年代我国计算机事业刚刚起步时那段筚路蓝缕的峥嵘岁月,总有一些先辈们的身影熠熠生辉、光彩照人。他们的故事朴实无华,却引人入胜;他们的科学境界、治学精神和人格魅力,虽不能至,却心向往之;他们在极其简陋的条件下,胸怀赤子报国之志,默默耕耘,奠定了我国计算机事业发展的基石。今天,孙钟秀先生的夫人——叶蓉华老师主编的《钟山之秀》所呈现给世人的就是这样一位德高望重、令人敬仰的前辈。

    孙钟秀先生是著名的计算机科学家,是我国计算机教育和研究的先驱者之一,对中国计算机事业的发展和南京大学计算机学科的建设做出了重要贡献。透过本书这些真实生动的场景与片段,让我再次回想起读书和工作期间孙先生对我的教诲与帮助——思绪万千中,一个和蔼可亲、学识渊博、勇于创新、追求卓越的学者形象浮现在我的脑海。

    孙先生浓厚的家国情怀——

    1967年1月,孙先生从英国归国之时,"文化大革命"刚开始不久,全国的大学停课闹革命。在南京大学,教师们写大字报,参加各种批斗会。即便是在如此恶劣的环境中,孙先生也是"一心想用学到的先进技术报效祖国"。他甘冒风险,克服种种意想不到的困难,先后赴上海华东计算技术研究所、北京华北计算技术研究所、西安西北计算技术研究所等地,"毫无保留地把在英国学到的操作系统技术讲给大家听",因为"他很想报效祖国,为发展我国计算机软件事业贡献一份力量"。而在家里,他"非常孝敬父母",全家祖孙三代,其乐融融,共享着幸福的天伦之乐。透过一系列生活情景,一个带着时代烙印、平凡而充满韧性、顾"大家"而又兼顾"小家"的知识分子形象跃然于字里画上。

孙先生严谨的治学精神——

严谨、求实、创新是孙先生的为学宗旨。早在上世纪60年代,他就提出:"做科研工作必须精益求精,还要不断开动脑筋,想一想能否进一步拓展和创新。"而后他更是提出选择研究方向的两条原则,即"世界最前沿"和"国内最需要"。正是凭借这种爱钻研、肯动脑和敢创新的精神,他在攀登科学高峰的道路上才披荆斩棘、连连折桂。他的工作早在上世纪80年代就在美国ACM计算机科学年会和刊物上发表。他屡次获得国家科技奖励,并于1991年当选为中国科学院院士。依托厚实的科研功底和渊博的学识,孙先生在教学第一线也谱写出华彩乐章。他多年主讲《分布式计算机系统》以及《操作系统》课程,深受学生爱戴。他主编的《操作系统原理》是我国最早出版的本科生计算机操作系统教材之一。他领衔编写的《操作系统教程》不断修订再版,先后获得国家级优秀教材奖等多项荣誉,并在几十所高校推广使用。

孙先生朴茂的行事风格——

朴实厚道是南大人的品格,这一点在孙先生身上体现得淋漓尽致。作为著名科学家、中科院院士,他还担任了南京大学副校长、全国政协委员和江苏省科协主席等领导职务,他高瞻远瞩,团结同志,群策群力,强调"干了就得尽心尽责",体现出良好的领导指挥和组织管理能力;他为人谦和,克己奉公,奖掖后学,助人为乐,深得大家的信赖和尊重。他与学生们在一起,特别讲究师生平等、作风民主、精益求精、细致周密,成为了他们的良师益友。与孙先生相遇、相识、相知的人群当中不乏院士、知名学者、普通教师和管理人员等,他们所津津乐道的是他"淡泊名利"、"豁达大度"、"办事细致认真,遇事不急不慌的儒者风范"和"议事坦诚"、"冷静稳健"的"大将领导能力"。

"日月之行,若出其中;星汉灿烂,若出其里。"南京大学能够取得今天的成就,是与学校在过去100多年的历史征程中,一代又一代的先辈们奋发进取,不断添砖加瓦、薪火相继密不可分的。逝者如斯,了无痕迹,然往事历历,精神不朽。今年恰逢孙钟秀先生诞辰80周年,叶老师主编的这本书给我们提供了再次感受孙先生风采的宝贵机缘。我衷心祝愿大家和我一道从中汲取更多的正能量,为南京大学向世界一流大学的目标迈进做出贡献。

是为序。

吕建

2016年元月

（吕建:南京大学计算机科学与技术系教授、中国科学院院士、南京大学常务副校长）

目　录

前　言

2013年5月18日我的先生孙钟秀永远地离我而去。在很长一段时间里，我思绪纷乱，无法平静。半年多之后，我逐渐清醒，决定要编写一本书纪念和我朝夕相处48年的爱人孙钟秀。我退休前是南京大学物理系的教授，不善写作，我用编写教材的方式来写孙钟秀，用文字和相片记录他的多彩人生。

孙钟秀1957年从南京大学数学系毕业后一直在南京大学任教。他的工作伴随着南京大学计算机系的创建和发展，和我国计算机软件事业的发展紧密相关。我希望这本书能如实记录下他的工作，为南京大学计算机系的发展史提供一份资料。我还期待本书作为孙钟秀的一份珍贵的精神财富，留给后代，希望他们能从中汲取营养，得到启发，并能把这份精神财富传承下去。

本书共四章。第一章：孙钟秀的成长，记述他从一个普通的少年成长为德智体全面发展的有志青年。第二章：孙钟秀的工作，记述孙钟秀在近半个世纪中所做的主要工作，特别是他在计算机操作系统和分布式计算机系统这两个方面，为我国的计算机软件事业所作出的重要贡献。第三章：孙钟秀的生活，记述了他的生活情况，其中有阳光灿烂的日子，也有令人叹息的遭遇。第四章：纪念文集，收集了孙钟秀生前部分同事、研究生及子女写的回忆性纪念文章。这些文章不仅记述了对孙钟秀的回忆和纪念，而且从一个侧面反映出南京大学计算机系的教学、科研在全国高校中名列前茅的那段时期，教师们的工作情况，这也是一份弥足珍贵的历史资料。

在附录中收集了孙钟秀生前及逝世后部分报刊上介绍他的文章以及他逝世后的有关资料。

在写孙钟秀的工作时,我力求根据实际情况来写。我参考了许多南京大学计算机系教师过去写的有关孙钟秀工作的资料,询问了一些当年和他一起工作的同事们,并请他们审阅了有关部分的内容。他们是南京大学计算机系的退休教授陈世福、谭耀铭、徐永森、张德富、费翔林、杨培根、金志权、谢立等。王德滋院士和阎居梅老师仔细阅读全书初稿,提出了宝贵的意见。本书在编写和出版的过程中,得到了南京大学计算机科学与技术系领导以及学校有关部门的大力支持和帮助。在此,我向每一位在我编写本书过程中予以帮助的老师,致以衷心的感谢!

计算机软件方面我是外行,书中涉及计算机软件的专业内容以及其他内容难免有欠缺不妥之处,敬请读者指正。

第一章　孙钟秀的成长

1.1　出身知识分子家庭

钟秀的父亲孙光远（又名孙镕），1900年生于浙江省余杭县（现为杭州市余杭区）一个清贫的秀才之家。自幼聪颖好学，1916年考入当时南京唯一的高等学府——南京高等师范学校数理化科，1920年毕业，年仅20岁，被学校聘为数学助教。1925年春考取美国芝加哥大学研究生，师从国际著名数学家E. P.Lane，攻读微分几何，1928年获博士学位。

获博士学位后回国，任清华大学数学系教授，历时五年，这期间著名数学家陈省身曾是他的研究生。1933年离开清华大学回到南京母校，此时的南京高等师范学校已成为国立中央大学，钟秀的父亲任数学系教授兼系主任。不久以后他任中央大学理学院院长，长达14年。

钟秀1936年12月22日诞生于南京市中央医院（现在的军区总医院），母亲陈雯美是家庭妇女，浙江杭州市人。父亲为他取名钟秀，盼望儿子成为优秀的人才。钟秀有一位比他大两岁的哥哥钟阳。

抗日战争以前教授们的工资很高，那时很多教授都建造房屋自己居住。钟秀出生前不久，父亲在玄武门的南面，靠近城墙的昆仑路10号建造了一幢西式小楼房。一层楼有五个房间，一间客厅，一间餐厅，三间卧室，房屋的南面有一个很大的阳台。二层楼是阁楼，有三个房间，放杂物。在房屋的北边是一排平房,共三间。其中一间是厨房,经过走廊和正房相连。厨房很大,有老式的灶台。另外一间是保姆住房,还有一间是堆放柴禾等杂物的房间。房子的周围有很大的院子。钟秀出生后住在昆仑路10号直到1965年去英国进修。

1965年春天,钟秀和我在昆仑路10号的房屋前和院子里

1.2　小学

1937年10月日本侵略军逼近南京,中央大学迁往重庆,钟秀跟随父母到了重庆。1941年秋,未满五岁的钟秀进入中央大学附属小学读书,他是一个文静的小男孩。

1945年8月抗日战争胜利,中央大学于1946年5至7月间迁回

小学时期　　　　小学毕业(1947年)

南京,钟秀跟随父母回到南京,就读于中央大学附小大石桥小学。

现在南京市的"南京大学附属丁家桥小学"的前身是抗日战争时期重庆的"中央大学附属小

钟秀楼(2012年)

学"。该校发现校友中共有四位院士,钟秀是其中之一。在2012年该校110周年校庆前夕,学校的建筑物和校园修缮一新,四幢楼房分别以四位院士的名字命名,其中一幢命名为"钟秀楼"。进入校门,正对面有一个大理石的浮雕壁,上面刻有六位人物的浮雕像,他们是学校的创始人张之洞、中大附小校长周抑堂以及四位院士。

1.3 中学

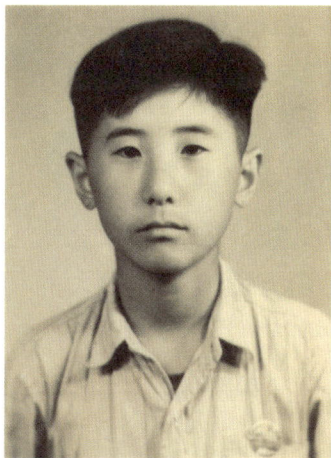
初中毕业(1950年)

高中毕业(1953年)

1947年秋钟秀进入中央大学附属中学(现在的南师附中)初中。附中离家比较远,他和哥哥都住校。由于在同班同学中他年龄较小,个子比较矮,在教室里坐第一排。那时他不懂得努力学习,1950年考高中时未被附中录取。后来考入南京市二中,二中离家较

2015年我和儿子在南师附中的院士墙前,墙上相片上排左四是钟秀

近,他每天骑自行车上学。

考高中落榜中大附中的经历使他头脑清醒不少,这时他长大些也比较懂事了,当时二中的师资力量很强,有很多高水平的老师教课。高一上学期钟秀的成绩在班上排到第五名,这对他是很大的鼓励,学习兴趣大增。以后的五个学期他都是班上的第一名。

课余时间他和同学们一起玩桥牌、打垒球,还看了很多经典名著,如《水浒传》《三国演义》《封神榜》《西游记》等,还学会了拉二胡。

回想中学时代,钟秀常说中学老师在德育和智育两方面给了他很大的帮助,对他的一生有重要的影响,他非常感谢他的中学老师们。

高中时期的老同学在回忆钟秀时说,他是个既文静又活跃的学生,他的学习成绩很好。

高中时期钟秀学习进步很快,个子也长高很多,那是阳光灿烂的日子。

钟秀高中读书时的教学楼(2015年)

田家炳中学(原南京市二中)校史展览馆里介绍钟秀的展板(2015年)

1.4　大学

　　1952年教育部对高等院校进行院系调整,中央大学的文、理学院和金陵大学的文、理学院合并成为南京大学。钟秀的父亲就从中央大学数学系到了南京大学数学系任教。

　　1953年夏,钟秀考取南京大学数学系。53级数学系共有学生120人,在同年级学生中钟秀高考总分名列第二。上大学后住校,住在南园八舍,八位学生住一间房间。

　　钟秀学习很专注,上课认真听,课后仔细复习和做题目。他的学习成绩很好,数学专业课程成绩全部优秀。那时学校实行五级分制,成绩分为优秀、良好、中等、及格、不及格。他没有因为成绩好而骄傲,在学习方面总是

大学时期在家里看书

不满足。寒、暑假有很多时间,他喜欢看参考书和做习题集。他很少和别人讨论问题,也很少问父亲,喜欢自己独立思考。这样逐渐培养了他自学的习惯和能力。

　　学校要求学生德智体全面发展,钟秀在大学时期积极参加文体活动,课余时间他有时打排球、游泳。他曾经是南京大学的校垒球队队员,也是校国乐社团成员,还参加过校学生会的工作。上大学后他身高长到1.79米,是又瘦又高的身材。钟秀很健康,精力充沛。

大学期间钟秀(后右一)和同学们在一起学习

钟秀(右一)和他的中学同学在
玄武湖(1954年)

钟秀(前排右一)大学生时期在南京大学垒球队

钟秀(第二排左二)在南京大学学生会工作时期的相片

1957年南京大学数学天文系总支欢送毕业同学在玄武湖
合影,前排右四是系总支书记路慧明,后排左二是钟秀

大学毕业（1957 年）

在家里拉二胡

第二章　孙钟秀的工作

2.1　从数学专业转入计算机专业

大学毕业后,数学系分配钟秀读研究生,通过考试成为他父亲的研究生,研究微分几何。1958年全国大跃进,高校强调理论联系实际,南京大学取消研究生制,钟秀转为助教,辅导一年级学生的高等数学,上习题课。1958年下半年,数学系进行专业调整,调整后设有五个专业:数学、计算数学、力学、计算

钟秀(左一)指导学生学习

助教时期的钟秀

技术、数理逻辑。钟秀被分配到数理逻辑专业,研究方向是计算机逻辑设计。他曾任莫绍揆先生的助教,帮助莫先生辅导学生的数理逻辑课程,后来他自己讲授这门课。

2.2　北京外国留学生高等预备学校学习英语

1962年南京大学选派钟秀去英国进修,要他在一星期后考三门课程,即高等数学、数理逻辑、外文。钟秀从高中到大学学的是俄语,他只能考俄语无法考英语。只有一星期时间做准备,那一星期的常规工作照旧进行。考试成绩是高等数学99分、数理逻辑83分、俄语分数不知道。他考出这样的成绩受到人们称赞。

1963年春天,钟秀被派到北京外国留学生高等预备学校学习英语一年多。进校后进行英语水平考试,然后根据成绩把学员们分成高、低两个班。学员们大多年龄在30岁以上,解放前上的大学,他们英语很好。钟秀英语很差,被分到低班。他自知英语差,距离听说写读四会相差太远,所以非常用功,大量背诵单词和课文,老师没有要求背的一些精读课文,他也选一些背诵。虽然他的记忆力很好,但要背这么多内容确实不容易,他常常读英语读得喉咙又干又痛,这时就倒一大杯开水,边喝水边读书。对一些长的难背的句子反复背诵直到背得烂熟。在日后的英语会话中他会脱口而出一些地道的英语句子,别人听了称赞不已,真是梅花香自苦寒来。

钟秀在北京外国留学生高等预备学校学习（1963年）

讲师时期的钟秀

从早到晚读书是不行的,那时候钟秀每天下午花一小时时间打乒乓球,冬天滑冰。星期天中午去中苏友好馆的餐厅改善伙食,下午休息整理内务。

功夫不负有心人,在1964年春天结业考试时他考得很好。口语考试由外国语学院的英国教授主考,另外还有外院的教师共五六位参加口试。钟秀曾对我说英语口试像三堂会审似的,应试者都比较紧张。钟秀考得很顺利,受到英国老师的称赞,那位英国老师感到意外地说:"低班学生中也有口语这么好的。"几年以后,听说外国留学生预备学校在向新生介绍情况,讲到他们的教学效果时,把钟秀作为一个典型实例,说明经过他们一年多的教学,学生的英语水平能够大幅度提高。

1964年春天,钟秀回到南京大学继续在数学系工作,同时,在外语系旁听英语专业三年级本科生的精读课,每周英语专业安排一位教师用英语和他交谈一小时,等待去英国进修的通知。

1964年春天,南京大学提升一批助教为讲师,那时有讲师以上职称的人就是高级知识分子。提升讲师是一件大事,南京大学已多年未进行过。1964年5月20日校庆时,由校长匡亚明在全校大会上宣布名单,会场设在学校礼堂,教师们在礼堂参加大会,学生们坐在教室里听广播。学校指定钟秀代表被提升为讲师的青年教师在大会上发言。

2.3　英国国际计算机公司进修

　　1965年5月教育部派钟秀去英国学习计算机。当时我国派往西方国家学习科学技术的人员很少,从1963年开始有科技人员派往英国,到1965年先后派往英国进修的科技人员只有30余人。钟秀和上海交通大学的徐敏及北京航空学院的陈望梅等一起去英国。他们从北京乘火车到二连浩特出境,经过蒙古国,进入当时的苏联,乘火车五天四夜到达莫斯科,在莫斯科住在中国驻莫斯科大使馆里。大使馆很大,有操场,还有一个湖可以划船。南京大学物理系教师李正中正在莫斯科大学进修,他陪同钟秀等五人逛莫斯科城,在红场看到睡在水晶棺里的列宁,还参观地铁共青团站。两天后他们三人乘飞机飞往伦敦,这是钟秀第一次乘飞机,当时在中国国内尚无民航,在飞机上空姐送饮料给他们时,他们以为要付钱,由于身无分文,三个人都表示不需要。在伦敦停留10天集中学习,然后他和陈望梅乘火车去曼彻斯特。

1965年在莫斯科红场,钟秀(中)和徐敏(左)及陈望梅(右)合影

　　那时中英两国尚未建立正式的外交关系,在伦敦有中国驻英临时代办处。中国科技生去英国进修是通过半官方组织"英国皇家学会"联系的。钟秀被安排在当时英国最大的计算机公司——国际计算机公司ICT(后改名ICL)下属的曼彻斯特城的开发部进修。第一次出国,钟秀心情既激动又紧张,但是

信心很足,决心学好回国做贡献。

到曼彻斯特后的第一件事就是租房子,这是他从未经历过的事。代办处介绍一位中餐馆的华侨李老板帮助他们,他们在报纸上看租房广告,电话联系之后,李老板开车陪他们去看房子。好几处房主见了他们说:"对不起,房子已经租出去了。"对此他们三人信以为真,李老板却很气愤,他说房主看见你们是黄种人,不愿意出租。在租房子这件事情上,钟秀第一次尝到了种族歧视的味道。

到ICT公司后,钟秀被安排在逻辑组。组长把他介绍给大家,简单介绍一下他们的工作情况,然后拿些资料给他看,钟秀有时参加他们的讨论。由于当时我国计算机技术比较落后,他在南京大学从事的工作又偏理论,刚到那个组时困难比较大,在讨论时那些英国人傲气十足。钟秀努力学习,有问题不轻易问人,过了一段时间,他终于赶上来了,在讨论中发表的意见有一定的分量,他们才变得客气起来。不久在一次审查图纸时,钟秀发现设计有一个错误,就对组长说了,组长不相信,认为不会有错。后来按图纸装出,在调试中发现确实有错误,不得不按照钟秀的意见修改了。自此以后他们对钟秀客气多了,有时还主动征求他的意见。有一次他们把公司总工程师设计的一个部件的逻辑图给钟秀看,征求他的意见。钟秀看后告诉他们设计还可以简化,并把自己设计出简化后的逻辑图给他们看。英国人用钦佩的口气说:"太好了,能让我把您的设计拿去看吗?"经过这几件事,英国人对他就很客气和尊重了。这段经历使钟秀

在伦敦中国驻英临时代办处(1965年)

深切地体会到，一个人没有实力，别人就看不起你，进而一个国家没有实力，别国也不会看得起。他决心要为建设祖国努力奋斗。

一年后，钟秀看准当时叫作执行程序，后来叫操作系统的方向，他觉得此方向比逻辑设计更有意义，就转入该组进修。他看准这个方向是非常重要的。操作系统是计算机系统中不可缺少的一种软件，它是上世纪60年代才发展起来的，1966年钟秀发现操作系统是一项重要的软件新技术，就抓紧机会和时间学习。转到该组后主要是读程序和上机。当时高级语言还未用于软件，程序是很难读的，弄

在曼彻斯特（1966年）

不好会读到后面忘了前面。他不问别人，自己埋头苦读，幸亏他的数学功底好、记忆力强，把厚厚的一本程序读完以后，搞清楚了很多问题，为回国后的工作打下了基础。

在英国，钟秀参观过伦敦郊区的一个计算机研究所，还在Stezevange参观过ICT公司的分公司。

中国驻英临时代办处曾组织进修生们去参观伦敦海格特公园里的马克思墓，在那里埋葬着马克思和他的夫人及女儿。钟秀记得墓上刻的两句话：

The workers of all lands unite.

The philosophers have only interpreted the word in various ways, the point however is to change it.

后来又有两位进修生顾宏中和黄毓礼来到曼彻斯特，他们四人住在一起，

进修生们在马克思墓旁合影,后排左起第四人是钟秀(1966年)

自己做饭吃。房租和伙食费都是报销的。为了省钱、省时间,伙食很简单。每个月去伦敦集中学习一次,顺便买批发的大米、油、酱油等带回曼彻斯特。钟秀在英国进修期间,南京大学每个月照样发工资给他。和国内的通信不是经过邮局,而是通过外交部的信使队传递。每月去伦敦一次,把写给国内的家信带去,交给信使队,同时取回家里的来信。

在英国那时候电视还未普及,他们当然没有电视机,他们只能通过听广播、看报纸学习英语。在英国的生活是很单调的,和英国人没有私人交往。有一次,公司里一位英国人要请钟秀吃饭,钟秀向代办处请示,代办处不同意,他就借口另有事情婉言谢绝了。在英国期间,进修生们自己从未外出游玩过,每个月去伦敦集中学习时,负责管理进修生的代办处三等秘书有时安排大家一起出去游览,他们游览过的地方是很少的。

进修虽然很辛苦但收获很大,学到很多当时在国内不可能学到的先进的知识。

遇事要和英国人打交道的时候,大家都推钟秀去办,说他的英语好。有一次下班后回到住处,发现东西被翻得很乱,有外人进来过,他们就向警察局报案。来了一位警察,四处看看,问他们在这里有没有仇人,他们说没有,警察说在英国破案率很低,就走了。

1967年初他们突然接到回国的通知。而房租已经预先付给房东了,大家让钟秀找房东交涉退钱。他就打电话给房东,房东不肯退钱,后来连电话也不接,去敲房东家的门,也不开门。钟秀就写了一张字条贴在房东家的门上,字条中最后一句话是外交辞令,"你必须对此造成的后果负责。"房东见到字条很紧张,向警察局报警说他受到威胁,警察局来人调查,他们把事情经过告诉警察,并说正好请警察帮助让房东退钱,警察说他管不了,就走了。

1966年初夏国内开始进行"文化大革命",1967年在欧洲的留学生们先后奉命回国参加"文化大革命"。幸运的是那时钟秀的进修快到一个阶段了,一些尚未来得及看的资料,他就带回国。一月底离开曼彻斯特,先到伦敦再飞往莫斯科。在莫斯科住在大使馆里集中学习10天,一月的莫斯科天气十分寒冷,那时中苏关系紧张,他们不能外出。从莫斯科坐火车回国的几天里,他们发现有便衣跟随,大家都不下火车。当火车进入中国国境,列车里播放"东方红"乐曲时,大家知道回到了祖国的怀抱,激动万分。进修生们都认为自己是革命群众回国参加"文化大革命"。火车到达北京站,有几位进修生被等待在火车站上原单位的造反派挂上牌子,罪名是"修正主义苗子",行李放在三轮车上,让他们自己骑车回去,见此情景大家感到非常吃惊。

到北京后他们很快换穿海军的深蓝色棉衣、棉裤,大衣、西装和领带上交给外交部。回到南京后再把一套棉衣、棉裤的钱和布票寄还给外交部。

在北京时外交部曾举办了一个欢迎会,欢迎从欧洲回国的留学人员,周恩来总理和江青出席了欢迎会。

2.4　引进、开发和研究计算机操作系统

1967年1月钟秀离开曼彻斯特回国时，带回大量计算机操作系统方面的资料。

那时全国进行"文化大革命"，大学停课。在南京大学，"文化大革命"正进行得热火朝天，各级领导几乎全部被揪出来批斗。我的父亲叶南薰是数学系系主任，成为数学系重点批斗对象，教授们几乎全部成为反动学术权威被批判并劳动改造，钟秀的父亲孙光远也不能幸免。南京大学那个时期处于无政府状态。钟秀常常躲在家里关上门，抓紧时间整理带回来的资料，此外还教我学习英语。听见敲门声，先把书藏好，才敢去开门。

20世纪60年代中期，随着计算机使用规模不断扩大，计算机运行速度不断提高，在国外开始有人研究计算机操作系统，而国内才开始有人研究管理程序。

北京华北计算技术研究所慈云桂教授1966年曾率我国计算机代表团访问英国，同去的有上海华东计算技术研究所的陈仁甫，钟秀曾去看望过他们，故他们知道钟秀在英国进修计算机操作系统。

1967年初夏，北京华北计算技术研究所还在正常工作。慈先生带领孟庆余等三人到南京来找钟秀。他们不经过系里，直接来到我们家，请钟秀给他们讲授操作系统。在英国学习到的先进技术回国后无处可用，钟秀正为此感到十分遗憾，这时有人请他去讲课，当然十分乐意。但在当时的环境下，做这种工作是有风险的。钟秀不告诉系里任何人，骑自行车到他们三人的住处——山西路虹桥军人招待所，去讲授操作系统，共讲了四次。慈先生在联系上钟秀以后就离开南京回老家去了。

1967年10月，上海华东计算技术研究所的陈仁甫写信给钟秀，邀请他去华东计算技术研究所讲计算机操作系统。这次要离开南京，必须告诉数学系的临时管理委员会。钟秀在华东计算技术研究所为十几位计算机同行讲了三个星期，每天讲两小时。他住在招待所里，在食堂吃饭，讲课完全是尽义务，没有任何报酬。

钟秀在上海讲学期间,系里的造反派贴出大字报,指责他又在搞业务。系里临时管理委员会负责人写信给他,叫他回校。钟秀只好匆匆讲完,回到学校。

1968年冬天,北京华北计算技术研究所通过数学系临时管理委员会成员钱士钧(钱士钧曾在该所短期工作过)请钟秀去讲学。这次外出讲学受到的压力就比较小。在一个月的时间里,钟秀一方面讲计算机操作系统,另一方面该研究所从英国买来两台计算机,其中有关操作系统的部分他们看不懂,请钟秀帮助。当时进口的计算机资料中,操作系统有一部分只有代码没有框图,很难读懂。钟秀把这些代码翻译成框图,将整理的资料编写成册,工作量是很大的。然后他再讲给大家听,他们就掌握了这两台计算机的操作系统技术。

在英国,钟秀看到了在计算机软件方面,我国和国外先进国家之间的差距,学习了一些先进的知识,他很想报效祖国,为发展我国计算机软件事业贡献一份力量。可是那时学校的教学、科研工作完全停顿。这时北京华北计算技术研究所、上海华东计算技术研究所请他去讲学,他的内心是非常高兴的,他毫无保留地把在英国学到的操作系统技术讲给大家听。

后来钟秀还到西安西北计算技术研究所讲过操作系统,到北京大学作过报告。

那时我国计算机操作系统技术尚为空白,这几次讲学影响较大,钟秀将国外先进的计算机操作系统技术引进中国,作出了重要的贡献。后来有人戏称他是中国计算机操作系统的祖师爷。

1969年10月南京大学执行当时的一号令,师生员工全部步行到溧阳乡下去。钟秀所在的排(那时按部队编制,教研室为排)被分配留校养猪。他们每天用板车到南园的食堂里把残渣剩羹收集起来,拉到金银街的养猪场喂猪,并打扫猪圈。

1969年大概在11月间,系里让钟秀和徐洁磐到溧阳乡下去,其他人继续养猪。那时南京大学在溧阳县一个名叫果园的地方有一个农场,农场较小只能安排部分师生,多数人安排住在果园附近的农民家里。数学系师生住在东王庙附近东涧的农民家里,当时农村条件很差,几乎没有砖墙瓦房,都是泥土墙草房。钟秀和几位教师住在农民家的厨房里,在泥土地面上铺一层稻草再铺上垫被就睡在上面。那段时期很少劳动,每天上午、下午学习,搞运动,有时整个上午读报纸。1970年春天,数学系师生搬到果园,在那里批判系里的三名反动学生。不久系里安排钟秀做食堂的采购员,他每天到附近的镇上采购酱油、蔬菜、猪肉等,风雨无阻。起初他拉板车运菜,后来把家里的自行车运到乡下,骑车去采购,有时把采购的东西放在板车上,再用绳子将板车系在自行车的货架上,他骑在自行车上拉板车。有时骑自行车到溧阳县城去采购,在回果园的路上他不能下车休息,因为一旦下车,货架上一竹篓菜就会翻倒,他连续骑自行车三小时回到果园。采购工作是很辛苦的。

1970年,江苏无线电厂为空军研制C3计算机,邀请南京大学数学系一些教师参加。大约在5月,系里让钟秀和另外几位教师返回南京,参加江苏无线电厂的研制工作。在江苏无线电厂,钟秀曾经讲授计算机操作系统和计算机结构。

1972年春天,数学系又安排钟秀去溧阳果园农场劳动一段时期。

1974年电子工业部组织全国有关单位设计研制我国系列计算机DJS200。这是我国第一个大中型计算机系列,参加的单位有南京大学、北京大学、北京第十五所、南京734厂、北京738厂等。钟秀和数学系的几位教师参加了这项工作。钟秀还参加了总体设计工作。最初系列机分为三个型号,最大的称为260,中等的称为240,小的称为220。钟秀提出还应有一个更小型的,其应用面会更广。他把这意见向总体组组长、十五所总工程师陈力为汇报,当时电子工业部科技司副司长罗沛霖在场听汇报。几天后确定的系列机有四个型号,增加了更小型的计算机210。

南京大学承担计算机软件部分,软件组里有许多单位参加,大约有50多人。软件组又分成几个小组,其中有一个组是操作系统。钟秀领导的小组为该系列的DJS220和DJS210计算机配置操作系统。

接受分配的工作任务后,面临很多困难。由于我国从未研制过功能这么强的操作系统,任务重,工作量非常大。参加编制操作系统软件的人员对这方面工作不熟悉,钟秀在英国进修时了解ICT公司为1900系列计算机研制的操作系统,因此他有一些经验。工作开展以后,钟秀经常向大家讲解。他制订方案、进行调度、指挥工作,在他的指导下完成了框图和程序设计。随后,带着它们到北京 738 厂计算机上进行调试,经过反复的修改、调试,最后完成了任务。这期间,他多次到北京工作,有时在北京待一个月。这项工作持续了 5 年,至 1979 年完成。

钟秀领导的小组为 DJS220 和 DJS210 计算机配置了一个功能较强、结构好、工作可靠的操作系统,称为 DJS200/XT1。操作系统 DJS200/XT1 是综合国际上一些新型的操作系统结构,在先进技术的基础上,提出并实现的一个良好的操作系统结构,即层次结构。这个系统具有正确性好、效率较高及使用方便等优点,还从理论上证明了该系统结构的正确性。受到了国内外专家的一致好评。1979 年国家鉴定委员会评价该系统达到国内新水平。该系统 1980 年获国务院国防工办科技成果一等奖。那时国内制造的数十台 DJS200 系列的计算机均使用这个操作系统。

后来在操作系统 DJS200/XT1 的基础上研制磁盘操作系统 DJS200/XT1P。1985 年该系统获电子工业部科技成果二等奖。

钟秀在总结操作系统 DJS200/XT1 的基础上,开展操作系统的理论研究工作,先后发表多篇论文。1979 年在《南京大学学报》上发表论文《操作系统 DJS200/XT1 的结构》、《操作系统 XT1 的同步机构》,1980 年在《南京大学学报》上发表论文《关于进程的同步问题》、《操作系统 XT1G 的内核》,1980 年在美国计算机协会举办的全美计算机科学年会上,钟秀报告论文《DJS200/XT1 Operating System》。1980 年 7 月在美国计算机杂志《Operating Systems Review》上发表论文《An Introduction to DJS200/XT1》。有关操作系统 DJS200/XT1 的论文发表以后,引起了国际上同行们的关注,美国、匈牙利等国的计算机科学家来函索取有关资料。

副教授时期的钟秀

1978年南京大学建立计算机科学系,系址在北大楼。

1978年钟秀晋升为副教授。

2.5　美国威斯康星大学访问学者

1979年1月1日中国和美国建立外交关系。同年2月美国威斯康星大学校长谢恩率领一个教授代表团访问南京大学。在南京大学当时这是一件大事,学校让钟秀参加接待工作兼做翻译,他陪同代表团成员参观计算机系的实验室,游览东郊风景区。学校还安排威斯康星大学的教授们分别访问南京大学的四个家庭:校长匡亚明家、副校长章德家、外文系系主任陈嘉教授家以及我们家。

威斯康星大学邀请南京大学派教师去他们学校做访问学者,当时我校选中9位中年教师,分别来自数学系、化学系、生物系、气象系、计算机系,钟秀是其中之一。威斯康星大学来访的教授提出要和这几位教师个别见面,用英语交谈,相当于面试。那时的中年教师很多是学俄语的,英语较差,大家对用英语面试感到很紧张。威斯康星大学计算机系的 Pinkerton 教授面试数学系的两位以及钟秀。大家一个一个进去

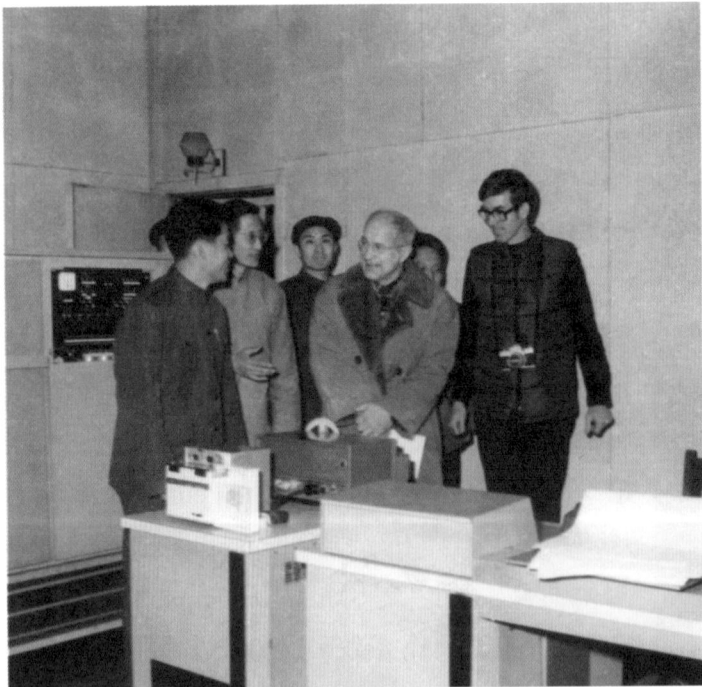

钟秀(左二)陪同威斯康星大学教授参观计算机系实验室(1979年)

面试,轮到钟秀进去时,Pinkerton笑着说:"我们已经谈过了。"因为在前几天的接待中钟秀已用英语和他们交谈过多次。

教育部发给每位访问学者800元置装费,在南京每人买一件羽绒衣,一只带有滚轮的箱子,在北京每人定制两套西装,一件大衣。

那时中国和美国之间没有直航班机,1979年8月18日,9位访问学者飞离北京,取道卡拉奇和巴黎飞往纽约,再飞往华盛顿。在华盛顿,他们住在大使馆里集中学习10天,曾参观华盛顿的市容及航天博物馆,然后飞往威斯康星州的首府麦迪逊。一位先期到达的清华大学教师已为他们找到住房,起初4人合住一个二居室的套房,大家轮流做饭吃。后来改变为两个人居住,各人自己做饭吃。钟秀和生物系朱德煦老师住在一个套房里。

威斯康星大学计算机系安排Marvin教授和钟秀联系,由他安排钟秀的研究工作。Marvin的年龄大约比钟秀小10岁,其他访问学者也遇到类似情况,这使人想到"文化大革命"耽误了10年时间。

在国内时钟秀注意到分布式计算这一研究方向,希望做这方面的研究,正好威斯康星大学计算机系有两位教授Marvin和Finkle,后来又有Dian带两位博士生在做分布式计算的研究工作,他参加了这个小组的工作。该研究小组每周有一次小组讨论会,会上每个人报告自己的工作进展。研究小组的这项研究工作已经进行了两年多,钟秀必须尽快熟悉他们前面已做的工作,另外在国内钟秀上机较少,这时必须尽快熟练上计算机。钟秀抓紧时间看大量的资料和论文,常在计算机实验室工作到深夜,较快地熟悉了他们的工作。起初钟秀只是听他们报告,过了一个月他可以作简单的报告。三个月后Marvin和Finkle到中国访问,回到美国,在讨论会上,他们说这段时间去中国访问,没有做研究工作,没有内容可以报告。那次讨论会就由钟秀主持、报告工作,这时钟秀已完全融入到美国同行们的工作之中。

不久后,有一次,大家讨论一位美国教授已经在一个学术会议上发表的一篇论文,大家都给以很高评价,这时钟秀指出论文中一个错误,在场的美国同行们从惊奇转为赞叹。

钟秀在威斯康星大学计算机系实验室工作(1980年)

　　威斯康星大学计算机系系主任 Landweiber 教授曾邀请钟秀为研究生讲一门课。钟秀考虑,讲一门课要花费很多时间,会分散做研究工作的精力,延长他在美国停留的时间,他希望能早些回国,一方面希望回到国内早日开展研究工作,另一方面想早日和家人团聚,所以他婉拒了 Landweiber 的邀请。

　　1980年全美计算机科学年会会议前,钟秀投寄论文"DJS200/XTI Operating System"被会议录取。9月份他前往 Kansas City 出席这个会议,在大会上报告他的论文。听众们第一次听到中国计算机学者的工作报告,很感兴趣,提出一些问题,主要是想了解中国计算机事业的发展情况。

　　纽约州立大学奥巴尼分校计算中心主任访问南京大学时,钟秀曾接待过他。1980年冬天他邀请钟秀去奥巴尼访问他们学校。钟秀在他们学校作了一个学术报告,还参观了计算中心。该校物理系华裔学者孙至锐教授曾邀请钟秀去参观他的实验室。

　　1979年11月以匡亚明校长为团长的中国大学校长代表团访问美国。匡校长曾到麦迪逊访问威斯康星大学,那几天钟秀陪同匡校长并做翻译。

　　在威斯康星大学,匡校长(前排中)、匡校长夫人丁莹如(前排左一)、章德副校长(前排右一)和钟秀(后排中)、数学系沈祖和(后排左一)及叶梦华(后排右一)合影(1979年)

　　1980年南京大学在威斯康星大学的访问学者合影。前排左起:朱忠和、游效曾、刘广鉴、刘志谟、沈祖和、朱德煦,后排左起:徐建华、薛奇、孙钟秀、杨昌正、陈懿

　　计算机系Pinkerton教授热情好客，常邀请钟秀去他们家做客，参加他们的活动，例如去树林里买圣诞树，到苹果园采苹果，他们家还常举行聚会邀请大家去。

钟秀和Pinkerton一家合影（1980年）

　　钟秀在美国期间，我们可以经过邮局自由通信，但信件很慢，通常要10天的时间才能收到。我们没有通过电话，因为长途电话费很贵，通话几分钟的费用会超过我一个月的工资。

　　按计划，访问学者在美国停留的时间是两年，1981年初钟秀在威斯康星大学计算机系的研究工作告一段落，他向大使馆申请提早回国。钟秀在威斯康星大学计算机系做研究工作期间，给同事们留下很好的印象。

在麦迪逊机场，Pinkerton教授和钟秀临别合影（1981年）

他们说："孙先生是中国计算机软件系统第一流的专家。"回国前 Pinkerton 教授专门在家里举办聚会为他送行。那天系主任 Landweiber 对钟秀说："我请你为研究生讲课的邀请仍然有效。"1981 年 1 月 18 日钟秀离开麦迪逊回国，那天 Pinkerton、Finkle、Marvin 教授以及研究小组里的另外三位同行，按照中国人的方式特地到飞机场送行，并分别与钟秀合影留念。

在麦迪逊机场，Finkle、Marvin 教授和钟秀临别合影（1981 年）

钟秀从麦迪逊先飞往纽约，再从纽约飞到北京，在北京稍作停留后，坐火车回到南京，回到了温暖的家里。

在麦迪逊机场，科研小组的另外三位同事和钟秀临别合影（1981 年）

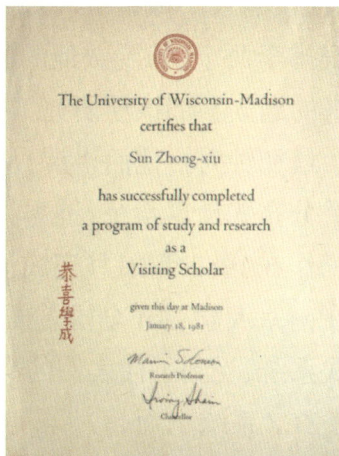

威斯康星大学颁发的访问学者证书

2.6　研究和开发分布式计算系统

分布式计算是计算机科学技术在20世纪70年代中期兴起的一个新领域，它有广泛的应用前景，当时在我国是空白而又极需发展的研究方向。

去美国前，钟秀就注意到该研究方向。在威斯康星大学计算机系任访问学者期间，他参加了该系分布式计算的研究项目。1981年初该项目结束，他就提早半年回国。

钟秀在美国写信向系领导汇报工作，建议开展分布式计算方面的工作。系领导大力支

钟秀在家里看书(1984年)

持，很快购置了微型机。钟秀回国后立即开展分布式计算方面的工作。系领导安排李西宁、张渡做他的研究生，安排教师杨培根、金志权以及后来从美国回来的谢立参加该项研究工作。

最初钟秀给他们讲课，从分布式基本原理讲起，然后带领大家设计研制了一个分布式计算系统，钟秀将该系统取名为"ZCZ系统"，即"祖冲之系统"。该项工作在1982年10月完成。这是我国的第一个分布式计算机系统。同年10月在南京大学召开全国首届分布式计算机系统会议，向与会代表介绍ZCZ分布式系统，受到了代表们的高度评价。

ZCZ系统全面超过了美国威斯康星大学1980年的Arachne系统，超过了纽约州立大学水牛城分校研制的Micronet系统。与加州大学洛杉矶分校的Locus系统相比，Locus系统的硬件较ZCZ系统先进，但ZCZ系统在分布式程序

设计语言和文件系统方面与之相当。这项成果对我国分布式计算系统的研究和发展起了推动和促进作用。

为了及时把研究成果应用于经济和国防建设,钟秀和他的研究小组研究开发了多个实用的分布式计算系统。其中分布式单板机系统应用于农业机械测试数据的实时处理,ZH分布式微型计算机系统应用于海军作战模拟训练。这些成果对促进实现我国农业机械测试手段现代化和海军干部战役集训教学现代化具有十分重要的意义。

此外,钟秀带领研究小组将局部网络系统应用于南京市政府办公自动化,分布式企业管理系统应用于南京汽车制造厂,为我国中小城市和中小型企业采用分布式系统实现办公自动化和信息管理自动化提供了实践经验。

在研制和开发系统的过程中,钟秀主持研制了多个分布式系统软件,其中分布式程序设计语言方面,提出和实现了三种语言,一种是基于Modula-2和CSP的分布式程序设计语言CSM,另外两种是DModula和面向对象的程序设计语言CLUSTER86。

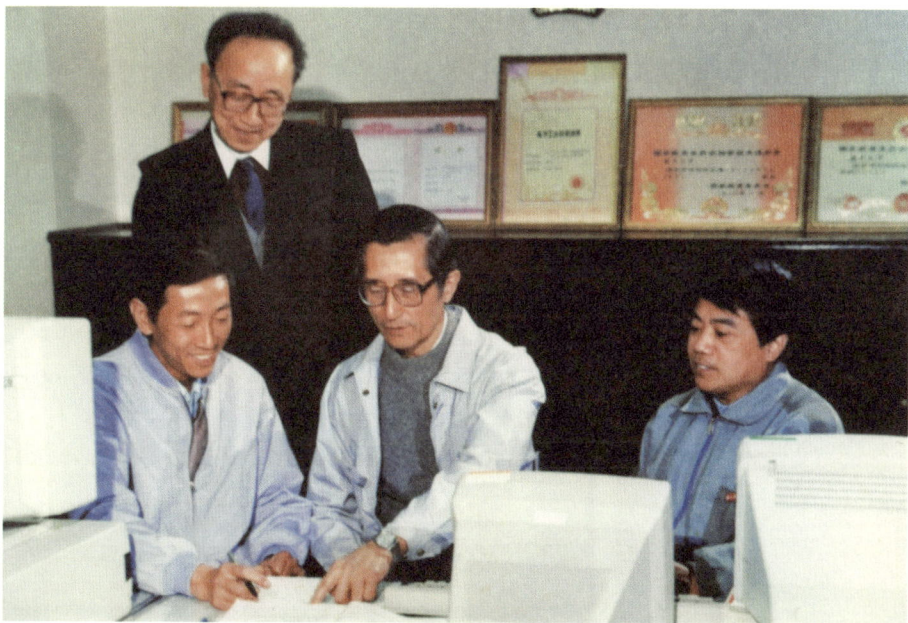

钟秀和计算机系教师谢立(右)、杨培根(左)、张德富(立者)讨论工作(1980年代初)

分布式操作系统方面,设计和实现了"ZCZOS"和"ZGL"等操作系统。ZGL分布式操作系统的主要特点是异构性强,不仅包含不同机种、不同网络,而且还包含不同的操作系统;其次是透明性好,原来在单机环境开发的程序大都不经修改和重新编译就能够在网络环境下运行,并且还能利用网络中的共享资源。国际上虽有一些实用的分布式操作系统,但多数是同构型的。ZGL系统和美国加州大学的Locus系统相比,具有较好的工作站自主性,比NEST系统优越的是能同时容纳UNIX和MS-DOS两种操作系统,并且可支持数据库。

算法方面,钟秀在《中国科学》A辑1987年第一期上发表论文《一种用于分布式同步的令牌算法》,提出了一种分布式同步算法——令牌算法。采用令牌算法,完成一次同步操作最多只需发送信件N封,N为网络节点数。它超过了国际上著名的Lamport的邮戳算法,需发送信件$3(N-1)$封,以及Ricart的最佳互斥算法,需发送信件$2(N-1)$。更重要的是在论文中还论述了通信量和响应时间的关系,证明令牌算法是最佳的。

这些成果共获奖八项,其中"分布式微型计算机系统ZCZ、ZH和分布式单板机系统的设计、实现及其应用"获1985年国家级科技进步二等奖,"农业机械测试数据实时处理方法和仪器研究"获1985年国家级科技进步三等奖,"分布式系统软件技术的研究"获1988年国家教委科技进步(甲类)一等奖。

国家科技进步二等奖证书

钟秀带领的研究小组在分布式计算系统软件和应用方面的成果在国内居领先地位,部分成果达到国际先进水平。国内外许多专家曾给予高度评价。1983年美国华盛顿大学的Noe教授在参观ZCZ系统后说:"我正领导研制一个分布系统Eden,其功能和结构与ZCZ大致相似,1982年开始设计至今尚未完成,估计还需要二年时间。"1983年4月英国著名计算机科学家、英国皇家学会会员、"图灵奖"获得者Hoare教授和IEEE杂志编委、英国曼彻斯特大学Jones教授在参观分布式系统实验室,了解钟秀和他的同事们的研究工作之后,Hoare教授说:"你们走在我们前面了。"Jones教授说:"你们的工作十分有益,建议写几篇这方面的论文,我推荐在IEEE上发表。"

钟秀在杂志《IEEE Transactions on SOFTWARE ENGINEERING》,1987年4月,volume se–13,number 4上发表论文"CSM:A Distributed Programming Language",不到三个月,美国纽约YOURDON出版社写信给他,希望他以这篇论文为基础为该出版社写一本专著。YOURDON出版社出版的书享有国际水平

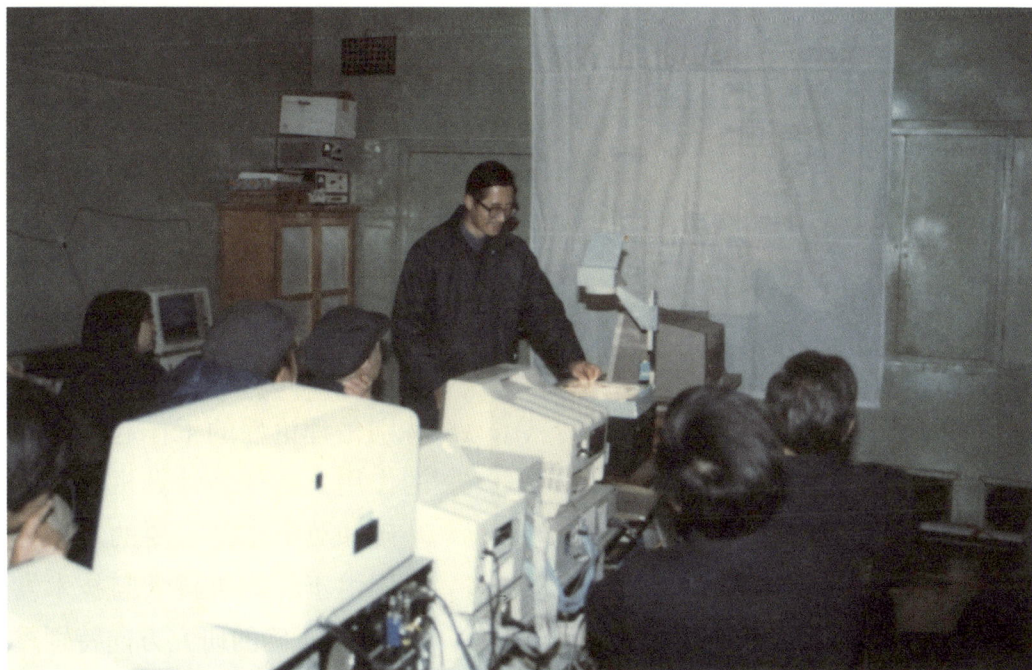

1986年,钟秀向参加重点实验室验收的专家们报告研究工作

1988年,在黄山全国分布式计算系统会议上作学术报告

1990年,在厦门第四届全国分布式计算机系统会议上作学术报告

的声誉。澳大利亚 Wayne Pease 教授认为孙钟秀等在面向对象设计语言 CLUSTER86 方面的工作,对他有启发和帮助,来函索取有关分布式程序设计语言方面的资料。印度 ISRO 人造卫星中心来信索取有关异构型分布式操作系统方面的资料。美国、匈牙利和印度等国的科学家来函索取有关 ZCZ 系统的资料。

钟秀先后应邀到美国威斯康星大学、香港大学、香港中文大学以及国内十几所重点高校和研究所进行讲学或学术报告。

记者采访钟秀,问及取得成功的经验时,钟秀说:"要在计算机科学研究中做出成绩,必须要有扎实的基础、正确的研究方向和团结的集体。"钟秀在数学系四年的学习中打下了较好的数学基础,这对以后的研究工作,特别是理论性的工作起了重要的作用。他认为计算机软件的基础和英语也是重要的。钟秀强调由于计算机科学与技术发展很快,正确的研究方向特别重要,方向看准了,事情就做好了一半。他在科研中先后看准两个方向：操作系统和分布式计算系统，它们既是国际上新兴的发展方向，具有重要的理论意义和广泛的应用前景，又是国内急需要填补的空白。作为学术带头人，钟秀在工作中起较大作用，但他从不强调个人的作用，他常说："计算机科学技术的研究与开发，靠一个人是做不了什么的，必须要有一个集体。一个发扬民主、互相帮助、团结一致的集体是成败的关键。"钟秀还说："搞科学的人是老实人，不能图浮华，要刻苦地学习和工作，要实实在在地做事。要团结人，才能取得成功。"

1983年钟秀被国务院学位评定委员会批准为博士生导师，1984年晋升为教授，1986年被中华人民共和国人事部授予"中青年有突出贡献专家"。

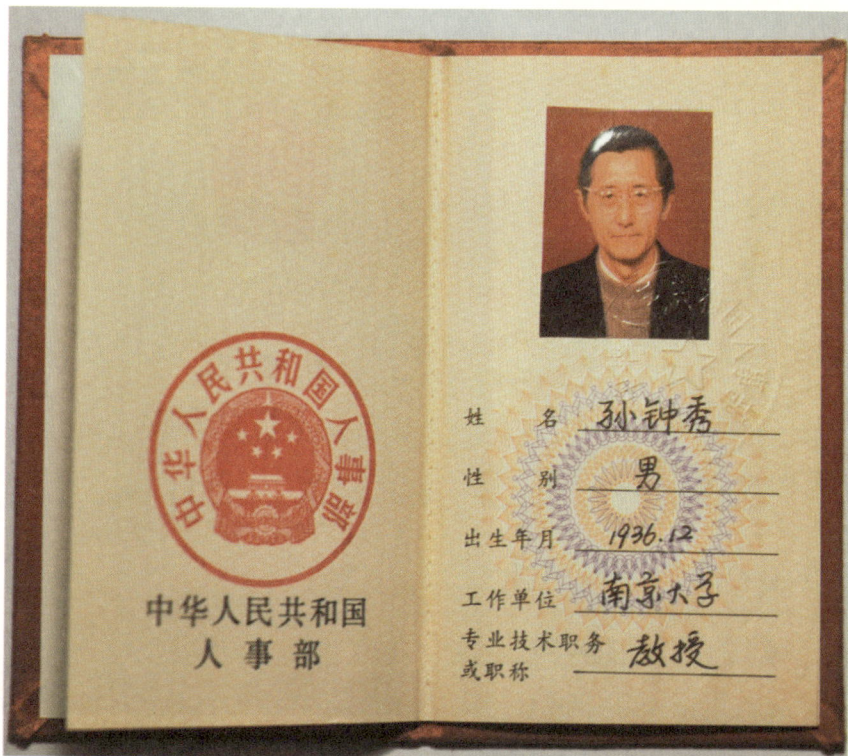

国家人事部授予"中青年有突出贡献专家"的证书（1986年）

1991年钟秀当选为中国科学院学部委员(即院士)。那年他55岁,是江苏省最年轻的院士,当时中国科学院院士的平均年龄超过70岁。

在院士证上印有这样一句话:"中国科学院院士,是国家设立的科学技术方面的最高学术称号,为终身荣誉。"

钟秀当选中国科学院学部委员后,曾收到国际著名数学家陈省身教授从美国寄来的亲笔祝贺信,信的内容是:"钟秀弟:阅报悉获选科学院学部委员。师门有后,为之雀跃,谨此道贺。陈省身1992年3月4日"陈省身上世纪30年代初在清华大学时曾是钟秀父亲孙光远的研究生。

中国科学院通知钟秀当选学部委员的信

中国科学院院士证

教授时期的钟秀

陈省身教授的亲笔信

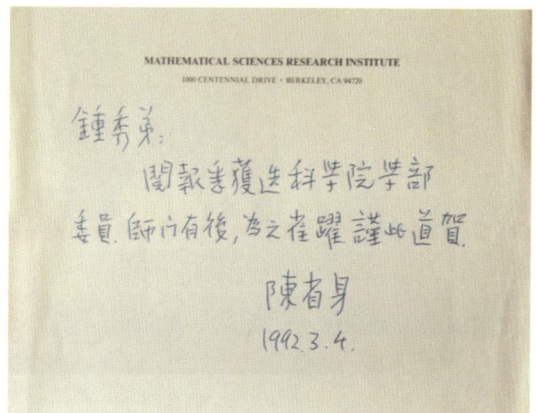

2000年5月日本北海道信息大学授予钟秀名誉博士学位。

日本北海道信息大学授予钟秀名誉博士学位(2000年)

名誉博士授予仪式上的合影(2000年)

2.7　教学工作

　　钟秀一直工作在教学第一线,几乎每年都给学生讲课。他为大学本科生和研究生先后讲授过高等数学、数理逻辑、计算机操作系统、计算机进展、分布式计算机系统等课程。

　　他有坚实的数学和数理逻辑的理论基础,及计算机软件方面较深的造诣,因此他讲课内容充实,思路清晰,逻辑性强。他口齿清晰,说话简明扼要,表达能力强,讲课深入浅出,深受学生好评。钟秀严谨的治学态度、处理问题时显示出的智慧和灵活性、谦虚和蔼的学者风度给学生们留下较深印象。

　　文化大革命后期南京大学恢复招生以后,钟秀给数理逻辑教研室的教师们讲"操作系统",写过一本《操作系统》讲义,这本《操作系统》讲义在国内曾被大量翻印。后来以该讲义为基础,钟秀和谢立、费翔林、衣文国、谭耀铭共同编著《操作系统原理》一书,1980年由人民邮电出版社出版。这是我国最早的操作系统教材之一。该书讲解操作系统的基本概念、原理和技术,还用自己研发的DJS220机操作系统作为实例。这本书是给本科生讲课用的教材。

　　以后钟秀又和谭耀铭、费翔林、谢立、衣文国共同编写教材《操作系统教程》,1989年由高等教育出版社出版。这本书被许多高校选为教材。1992年《操作系统教程》被评为国家级优秀教材。现在该教材由费翔林、骆斌修订、编写。2008年出版的第4版《操作系统教程》被评为国家精品教材。第五版《操作系统教程》于2014年出版。国内有几十所高校选用此书作为"操作系统"课程的教材。

　　钟秀为研究生讲授课程"分布式计算机系统",他编写的教材《分布式计算机系统》由国防工业出版社于1987年10月出版。

指导研究生(1980年代)

　　钟秀培养博士生和硕士生50余名。为此,他花费很多精力,给他们讲课,帮助他们选研究题目,指导他们做研究工作。他认为选题是非常重要的,要选新的、有意义的题目,同时也要注意量力而行,选能够做出来的题目。他们一般结合科委和四机部安排的任务来选课题。在指导研究生查资料、做研究工作时,他强调掌握好英语对研究工作的重要性,有时他用英语给研究生讲课。

钟秀和他的博士研究生薛行(左一)、商陆军(右二)、柳诚飞(右一)在一起(1980年代)

1988年钟秀和徐家福先生(前排左一)及徐先生的博士研究生吕建(后排中间),钟秀的博士研究生薛行(后排右)、柳诚飞(后排左)合影于北大楼前

在计算机系,大家认为钟秀很聪明,可是他从来不骄傲,他用平等的态度和系里的青年教师及研究生们相处。钟秀提倡师生平等,在讨论问题时大家没有顾虑,思想活跃。他不仅帮助研究生们提高专业知识和做研究工作的能力,而且注意培养他们高尚的道德品质、认真做学问的态度,在工作方面多干、实干,名利面前相互谦让。钟秀对工作有极大的兴趣,十分投入;对于名利看得很淡,从来不去争。这就是他的作风。他以身作则,得到了研究生们的尊敬和爱戴。

1998年钟秀和我在美国旧金山和学生们在五月花酒店聚会,左一张渡,右三章翠

1994年李西宁全家回到南京大学,在南苑餐厅和钟秀共进午餐

钟秀教过很多学生,他的学生分布在国内外各地。他的研究生大多在国外工作,他们当中很多人成长为优秀的人才,在单位里成为骨干力量。

多年以后学生从国外回国,常常来看望他,钟秀感到很欣慰。研究生李西宁在加拿大University of Guelph任教授,他编著的教材《分布式系统》用中、英文两种文字出版发行。在此书的扉页上,李西宁写道:"谨以此书献给我的导师,中国科学院院士、南京大学计算机系教授孙钟秀先生。感谢先生将我引入科学研究之路。"这是学生送给老师的一份十分珍贵的礼物。

钟秀不仅出色地完成计算机软件专业方面的教学任务,还不计个人名利、个人兴趣,不怕辛苦,主动承担没有人愿意教的课程。上世纪70年代末,计算机专业从数学系分出来独立成立系以后,有一个学期不知何故数学系不肯派教师为计算机系讲授基础课"高等数学",当然在刚从数学系分出来的计算机系里能讲"高等数学"课的教师是不乏其人的,不过大家对计算机专业方面的课比较感兴趣,而对按照惯例应该由数学系讲的基础课"高等数学"不感兴趣。这样计算机系的"高等数学"课程,在安排讲课教师时出现困难,没有人肯担任。这时期钟秀已在计算机软件的教学和科研方面展现才华,他的工作已经比较繁忙。钟秀看到这一困难情况主动提出,由他来讲"高等数学"课,这样他为低年级学生讲了一个学期"高等数学"。当他告诉我此事时,我感到钟秀为人做事太憨厚了。更有甚者,有一个学期,计算机系的"高等数学"课程由数学系一位教师主讲,另有一位助教帮助批改学生的作业,记不清是何原因,有一段时间没人帮助这位主讲教师批改学生作业,找谁去顶替?这是一件困难的事,在找不到顶替人时,钟秀主动提出,由他做此工作,这样,他帮助这位主讲教师做助教,批改了学生作业一段时期。钟秀的为人真是憨厚至极。

上世纪80年代,钟秀在校外多次应邀作科普报告。有一年暑假给江苏省重点中学教师培训班作计算机方面的科普报告。他还应邀给常熟市市委领导们、镇江市的干部们作关于计算机应用方面的科普报告。

1985年,美国一个科技方面的大型代表团,其名称为"People to People"访问南京大学,代表团有五六十人,钟秀用英语给他们作报告,内容是介绍中国计算机发展概况。当时在中国科技界,中青年人能说英语的很少,"People to People"在访问中国进行科技方面交流时,遇到语言方面的困难。在南京大学他们听到钟秀用英语作报告,十分高兴也很吃惊。

钟秀的这一次报告,我录音记录下来,保存至今。报告中他清晰的口齿及标准的英国式发音令人佩服。

1991年6月钟秀在江苏省科协报告"高技术与高技术产业"。他在外单位曾多次应邀作报告,由于找不到有关资料,无法详细记述这些活动。

2.8　在国家高技术研究发展计划(863计划)专家组工作九年

"863计划"是我国的一项高技术发展计划。

面对世界高技术蓬勃发展、国际竞争日趋激烈的严峻挑战,1986年王大珩、王淦昌、杨嘉墀和陈芳允四位科学家提出"关于跟踪研究外国战略性高技术发展的建议",在朱光亚的极力倡导下,邓小平同志做出"此事宜速作决断,不可拖延"的重要批示。

为了使这一计划切实可行,将风险减少到最低程度,在此后的半年时间里,中共中央、国务院组织200多位专家,研究部署高技术发展的战略。这期间钟秀曾应邀出席国家科委(即现在的国家科学技术部)在北京饭店召开的一个会议。经过三轮极为严格的科学和技术论证后,中共中央、国务院批准了高技术研究发展计划(863计划)纲要。由于科学家的建议和邓小平同志批示都是在1986年3月作出的,这个计划被命名为"863计划"。1986年11月启动实施"高技术研究发展计划(863计划)"。

"863计划"是中国政府组织实施的一项对国家的长远发展具有战略意义的、国家高技术研究的发展计划,在中国科技事业发展中占有极其重要的位置。该计划涉及领域如下:生物技术、航天技术、能源技术、信息技术、激光技术、自动化技术、新材料、海洋技术、专项。该计划的主管部门是国家科委。国家每年为"863计划"投入大量资金。

"863计划"各领域设立领域专家组,领域专家组实行任期制,每届任期三年,最多担任三届。

领域专家组的主要职责是:

(1)组织本领域技术发展战略与预测研究,对领域的目标和任务提供决策咨询；

（2）参与编制项目和专题课题申请指南；

（3）审议专题课题和项目立项建议；

（4）参与项目实施方案的论证；

（5）参与对项目（课题）执行情况的检查、评估和验收工作；

（6）承担领域重要技术发展问题的咨询工作。

国家科委从全国各高校和研究所指定人员成为领域专家组成员，钟秀被指定为信息领域智能计算机系统专家组成员。先后和他在专家组共同工作的有：北京航空航天大学李未教授、清华大学王鼎兴教授、长沙国防科技大学陈火旺教授等。每一届专家组人员都有一些变动。钟秀在"863计划"专家组连任三届、共九年专家组成员。那时候在南京大学只有他一个人是"863计划"专家组成员。

1996年，"863计划"智能计算机系统专家组成员合影
前排左起：王鼎兴、李未、孙钟秀、高文。后排左起：汪成为、李国杰、吴泉源、李卫华

"863计划"专家组的专家们要确定研究课题，编制申请研究课题的指南，由各高校和研究所根据指南提出申请、上报材料，再由专家组评审，确定哪个课题分配给哪个单位去做，并拨给经费。课题进行期间，专家组要不时前往检查工作。课题完成时，开鉴定会验收。

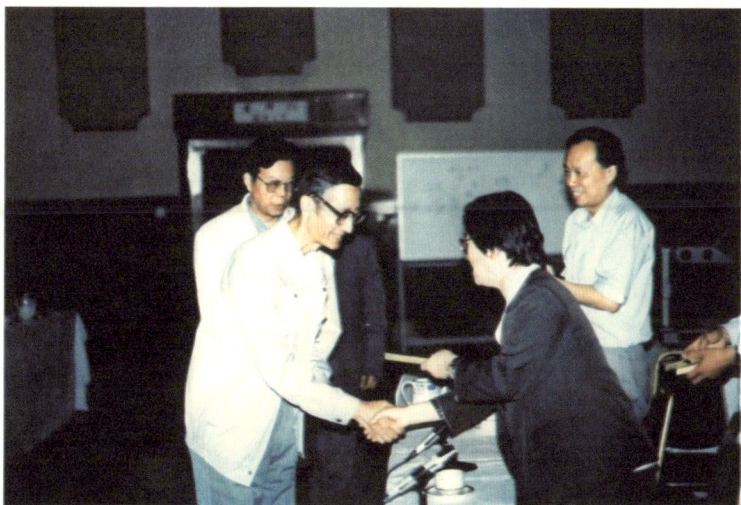

1996年，国家科委副主任朱丽兰(右二)为离任的"863计划"专家组专家颁发工作纪念牌，朱丽兰副主任与钟秀亲切握手

工作纪念

国家八六三计划信息领域
智能计算机系统主题第三届专家组

孙钟秀

国家科委基础研究高技术司
一九九六年四月

"863计划"专家组工作纪念牌

"863计划"专家组的工作很重要，钟秀花费了许多时间和精力，他经常要去北京开会和工作，有的时候每个月都要去北京，有时一个月去两次，还要到接受863课题的单位去检查工作，项目完成开鉴定会。他在南京大学计算机系的工作已经很忙，加上"863计划"专家组的工作，他更加辛苦。被事业驱动着的钟秀只对工作感兴趣，对其他事情没有时间顾及，也没有兴趣。钟秀从早到晚忙工作，他是个极有耐心的人，无论多忙多辛苦，他从来不叫苦，不发牢骚。我看到他总是在设法合理地安排时间，有条理地完成各项工作。他的工作效率很高。

他到北京参加863专家组工作,下了飞机,汽车把他送到住处,那时经常住清华大学的甲所,在那里开会和工作,工作结束,尽快乘飞机返回南京,他从来不到其他地方去闲逛。那时候北京的物品供应比南京丰富很多,我想在北京购物,都是和我在北京大学工作的姐姐联系,由她买好交给钟秀带回来。

在钟秀的努力下,南京大学计算机系争取到几个"863计划"的研究项目,经费在百万元以上,在当时这是相当大的数目,推进了计算机系的科研工作。钟秀功不可没。

2.9 任江苏省科协主席十年

1959年江苏省科联和江苏省科普合并成立江苏省科学技术协会,在江苏省科协第一次代表大会上,选举产生了103人组成的江苏省科协第一届委员会,谢克西当选为主席。

江苏省科协是一个十分庞大的组织。江苏省各个专业学会隶属省科协领导,省科协的下属单位有学会部、组宣部、国际部、科普部等。

"文化大革命"期间省科协的工作被迫中断。1981年4月,江苏省科协召开第二次代表大会,出席大会的代表有743人。钟秀作为省电子学会的代表参加大会,会议选举产生了150人组成的江苏省科协第二届委员会,钟秀被选为省科协委员。东南大学教授、中科院学部委员钱钟韩当选为主席。大会授予张仲良、杨廷宝为省科协名誉主席。

1984年9月,江苏省科协召开第三次代表大会,出席大会的代表共600人。大会选举产生了150人组成的江苏省科协第三届委员会。南京大学教授、中科院学部委员冯端当选为主席,孙钟秀当选为副主席。副主席共有14位。

1988年12月,江苏省科协召开第四次代表大会,出席大会的代表共500人,特邀代表80人。大会选举产生了162人组成的江苏省科协第四届委员会。孙钟秀当选为主席,副主席共有11位。

1993年5月,江苏省科协召开第五次代表大会,出席大会的正式代表共

钟秀(左四)出席省科协常委会议

1985年冯端教授(左二)和钟秀(左三)在香港学术交流中心

598人,特邀代表60名。大会选举产生了165人组成的江苏省科协第五届委员会。孙钟秀再次当选为主席。副主席共有11位。

省科协的党组书记兼任副主席,他主管省科协的日常工作。省科协主席是一个兼职的、荣誉性的职务,不负责具体工作,只参加一些重要的活动,主持一些重要的会议,例如讨论省科协工作要点、工作计划,听取委员们的意见等。每届的工作报告由秘书长事先拟好,省科协主席在大会上报告。

担任省科协主席期间,钟秀曾参加江苏省科协的一些对外交流活动。1985年省科协应香港科技协会邀请组团前往香港访问,冯端教授和钟秀应邀在香港大学和香港中文大学作学术报告。

江苏省科协和日本鹿耳岛县有友好交往,省科协曾组织苏州市、扬州市、泰州

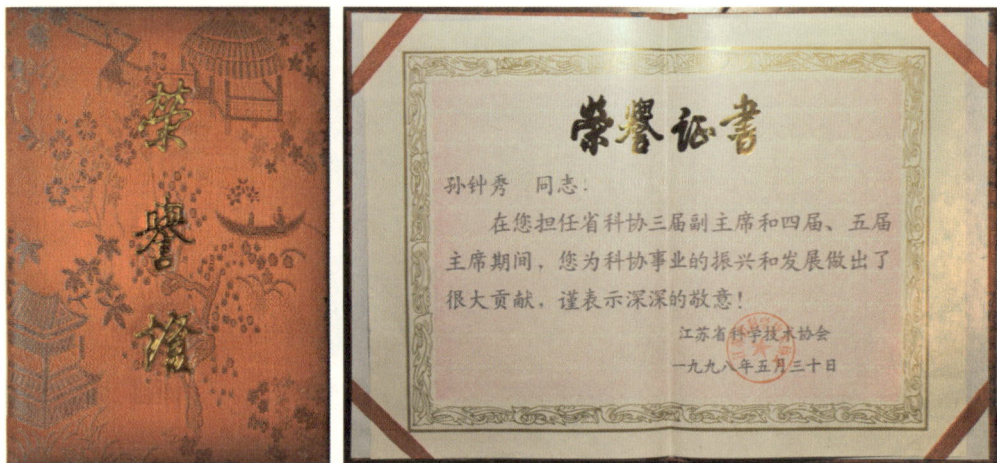

江苏省科学技术协会发给钟秀的荣誉证书(1998年)

市等市的科协主席前往鹿耳岛访问,钟秀任团长,在日本参观了一些工厂和公司。

钟秀任江苏省科协主席10年,为江苏省科协工作尽心尽责,付出了不少的时间和精力。

1989年至1998年钟秀曾任中国科学与技术协会委员。

2.10 行政工作

钟秀长期担任行政工作。1960年数学系建立数理逻辑专业,钟秀任教研室副主任,以后任正主任。1978年建立计算机系以后,钟秀任第五教研室主任直到1988年。

1981年至1984年钟秀任计算机系副系主任,分管科研方面的工作。1986年至1988年任计算机系系主任。

上世纪80年代是钟秀最忙碌、出成果最多的时期,也是他超负荷工作、透支健康

1980年代初,系主任叶南薰(左二,我的父亲)主持系学术委员会会议,参加者有陈世福(左一)、徐家福(左三)、张福炎(右三)、孙钟秀(右二)等

的时期。他除教学、科研工作之外，兼职"863计划"专家组专家、省科协主席、计算机系主任等。这时期他收到非常多的各种聘书，经常出席各种会议，到国内外各地出差。他曾到过英、美、法、德、日、瑞士、澳大利亚、加拿大、韩国等十几个国家，大多数是参加计算机方面的学术会议，有几次是随代表团出访。

在各种工作中，钟秀最感兴趣的工作是他的教学和研究工作。他有一个很好的学术团队，希望能多做些研究工作，希望能减少行政方面的工作，可是事与愿违。由于匡亚明校长将要退休，1984年国家教委（现在的教育部）派干部到南京大学来了解、确定新校长的人选，他们在我校召开系主任及处长以上的中层干部座谈会，最后确定两位人选：孙钟秀和曲钦岳。国家教委的工作人员分别找他们两人谈话，钟秀表示希望集中精力做教学和科研工作，不愿意担任此重任。

1984年秋，曲钦岳出任南京大学校长。两年后曲钦岳提出要钟秀任副校长，钟秀坚决不同意。当时他是计算机系的系主任，他有许多研究生，还有各方面的工作，已经非常忙碌，他不愿意在行政工作方面花太多时间。过了一段时间，曲钦岳又提出要钟秀任副校长，钟秀仍旧坚决不同意。此事也就平息了下来。

1988年，钟秀在黄山出席全国分布式计算机学术会议，回校后校党委书记陆渝蓉找他谈话，她说："学校推荐你任副校长，已经上报教育部，相信你会顾全大局接受这工作，教育部将有正式的文件下达。"听到这些话，钟秀知道这是校领导的决定，只好接受。事后他遗憾地对我说，这完全是对他搞突然袭击。钟秀是一个道德修养很好、性格又很温和的人，他能够顾全大局、服从领导的安排。

任南京大学副校长以后，他不再任计算机系系主任。他的副校长工作主要是分管学校的外事工作（可能因为他能说英语），其中有中美文化交流中心的工作、国际性的学术交流、和各国的友好交往等。在当时的校领导办公楼北大楼里，钟秀有一间办公室。任副校长后各种会议、应酬非常多，钟秀感到不习惯。

在北大楼办公室看文件资料(1990年)

1989年5月在加拿大与多伦多大学副校长一起签署校际交流协议

任南京大学副校长期间,钟秀曾会见过来我校访问的物理学家吴健雄、袁家骝夫妇,数学家陈省身,香港企业家邵逸夫等著名人士。

钟秀(左一)在物理系70周年系庆大会上代表学校致贺词。左二是著名物理学家吴健雄教授,左三是袁家骝教授(1990年)

1990年代初,著名数学家陈省身教授访问南京大学,和钟秀亲切交谈

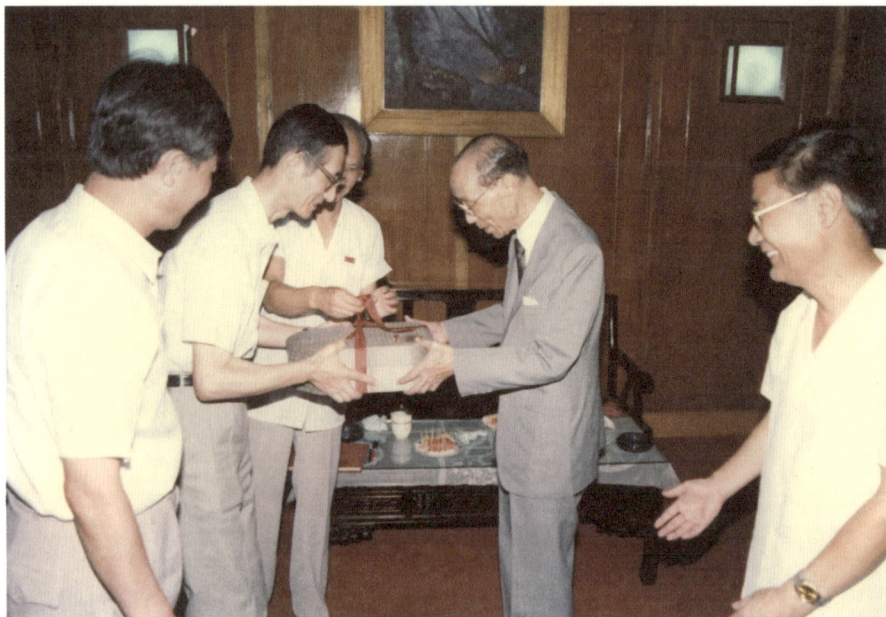

1992年8月接待来南京大学访问的香港企业家邵逸夫先生，
钟秀代表学校向邵先生赠送礼物

钟秀在吴健雄物理奖授奖大会上致词(1990年)

钟秀(左一)在南京大学外国专家座谈会上讲话

　　钟秀任副校长以后工作非常忙,有时候早上先出席会议,快到十点钟时,小汽车把他送到教室去给研究生讲课,12点钟下课后,他走出教室门,会有人在门外等他,找他谈事。中午他经常一点多钟才回到家里。在家里他的电话非常多,各种各样的人为各种事要找他。他每天都在忙碌中度过,不是忙行政方面的工作就是忙教学、科研方面的工作。长期超负荷地工作,用脑过度,严重伤害了他的身体,健康水平明显下降,终于积劳成疾。1993年任期到,他立即退掉在北大楼的办公室。此后他任南京大学技术科学院院长若干年。

　　钟秀曾对我说过,在所有的行政工作中,他只愿意做教研室主任,因为这工作管理范围小,花费时间少。

2.11　社会兼职

一、任第七、八、九、十届全国政协委员

中国人民政治协商会议(简称人民政协)是中国人民爱国统一战线的组

织,是中国共产党领导的多党合作与政治协商的重要机构。人民政协由中国共产党、中国八个民主党派、无党派人士、人民团体、各族各界的代表、台湾同胞、香港同胞、澳门同胞和归国侨胞的代表以及特别邀请的人士组成。人民政协设全国委员会和地方委员会。人民政协的主要职能是政治协商、民主监督和参政议政。

1988年江苏省政协通知钟秀任第七届全国政协委员,当时南京大学共有三位全国政协委员,两位全国人大代表。1988年3月初,钟秀赴京出席第七届全国政协第一次会议。政协全国委员每届任期5年。每年3月上旬在北京召开全国政协会议,会期10多天。

政协会议的大会在人民大会堂召开,在大会上有政协主席作工作报告,有大会发言,在列席全国人民代表大会时听国务院总理作政府工作报告。分组会议在委员们入住的宾馆里召开,中央领导人有时会到各分组参加会议。分组会讨论大会的各种文件,委员们反映基层情况。各个分组会较多地讨论各组所感兴趣的问题,钟秀在教育组就会较多地讨论教育方面的问题。在分组会议的基础上确定大会发言人选。

全国政协委员中有各行各业的优秀人物,有很多著名的科学家、文学家以及文艺工作者等。

钟秀任第七、八、九、十届全国政协委员,共20年。第八、九届全国政协会议他在科协组,第七、十届他在教育组。

全国政协会议是重要的会议,钟秀每年都去北京出席会议。会议期间他认真参政议政,有次政协会议上他写的提案

在人民大会堂出席全国政协会议(2007年)

被评为优秀提案。去北京出席政协会议时,钟秀常带着手头的工作去做,会议期间晚上一般没有安排,他就做自己的工作。

二、任国务院学位委员会学科评议组成员五年

1992年至1997年,钟秀任国务院学位委员会第三届学科评议组成员。

国务院学位委员会学科评议组是国务院学位委员会领导的学术性工作组织。第三届学科评议组先后进行了第五批和第六批学位授权的审核工作;进行了博士学位授予质量的检查和评估工作,在部分一级学科开展了按一级学科进行学位授权试点的工作;各学科评议组还在研究和论证的基础上,对《授予博士、硕士学位和培养研究生的学科、专业目录》进行了修订,有的学科评议组还进行了设置专业学位的调研和论证。第三届学科评议组对完善我国的学位制度,进一步促进我国研究生教育事业的发展发挥了重要作用。(此段内容摘录自1997年5月20日国务院学位委员会《致国务院学位委员会第三届学科评议组成员的感谢信》)

钟秀任学科评议组成员的5年中,多次到北京参加会议和学科评议组的工作。

三、任国家教育委员会第一、第二届高等学校理科计算机科学与技术教学指导委员会主任委员10年

为加强对高等学校人才培养工作的宏观指导与管理,推动高等学校的教学改革和教学建设,进一步提高人才培养质量,聘请有关专家组成高等学校教学指导委员会。该委员会是在国家教委的领导下,对高等学校教学工作进行研究、咨询、指导、评估、服务的专家组织。

1990年至1995年第一届计算机科学与技术教学指导委员会组成人员如下:

　　　　主任委员:孙钟秀(南京大学)

　　　　副主任委员:许卓群(北京大学)、王尔乾(清华大学)

　　　　委员:施伯乐(复旦大学)、金淳兆(吉林大学)、鞠九滨(吉林大学)、杨芙清(北京大学)、李卫华(武汉大学)、陈国良(中国科学技术

大学)、郝克刚(西北大学)、谢志良(上海交通大学)、李晓明(北京大学)、齐治昌(国防科技大学)

1995年至2000年第二届计算机科学与技术教学指导委员会组成人员如下:

主任委员:孙钟秀(南京大学)

副主任委员:许卓群(北京大学)、周立柱(清华大学)、陈国良(中国科学技术大学)、施伯乐(复旦大学)

委员:乔治昌(国防科技大学)、李晓明(哈尔滨工业大学)、谢立(南京大学)、费翔林(南京大学)、刘瑞挺(南开大学)、马绍汉(山东大学)、盛焕桦(上海交通大学)、李卫华(武汉大学)、冯博琴(西安交通大学)、郝克刚(西北大学)

计算机科学与技术教学指导委员会根据国家教委的有关方针、政策、工作任务和相关学科专业改革发展的实际情况,制订年度工作计划,每年召开一次全体委员工作会议,开展有关工作,并及时将有关材料、总结报告、会议纪要等上报国家教委。主要工作及成果如下:

1.开展高等学校计算机科学与技术学科教育与教学改革研究。

1996年,钟秀(正前方中间)参加教学指导委员会二届二次全会

2.开展高等学校计算机科学与技术专业的专业设置和培养目标,以及教学方法、教学内容和课程的改革研究。

3.完成计算机本科专业目录修订和专业规范制订。

4.推动高等学校计算机科学与技术专业核心课程教学实施方案及实践教学体系建设,促进教学水平和教学质量不断提高。

5.组织和开展一线专业教师教学建设和教学改革经验交流。

6.做好教材建设工作。

四、其他兼职

钟秀曾经是中国科技大学、上海交通大学、吉林大学等高校的兼职教授。1978年至1998年任中国计算机学会理事,1989年至1995年任中国电子学会计算机工程与应用学会副主任。他还曾任《中国科学》《计算机学报》《软件学报》*Journal of Computer Science*等杂志的编委。

2.12 论文 获奖 著书

钟秀发表论文100余篇,其中发表在国际杂志和国内一级学术刊物上22篇。在国际学术会议上发表论文11篇。

在国际杂志和国内一级学术刊物上发表的论文如下:

1. Sun Zhongxiu et. al. An Introduction to DJS200/XT1. ACM Operating Systems Review,1980,14(3):70–74.

2. Sun Zhongxiu, et. al. ZCZOS:A Distributed Operating System for a LSI–11 Microcomputer Network. ACM Operating Systems Review,1983,17(3):30–34.

3. Sun Zhongxiu and Li Xining. CSM:A Distributed Programming Language. IEEE Trans. on Software Engineering,1987,Vol. SE–13,No.4:497–500.

4. Shang Lujun, Sun Zhongxiu. An Object–Oriented Programming Language for Devoloping Distributed Software. SIGPLAN NOTICES,1987,22(8):51–56.

5. Sun Zhongxiu, et. al. Developing A Heterogeneous Distributed Operating System. ACM Operating Systems Review, 1988, 22(2):24-31.

6. Zhang Defu, Yang Peigen, Sun Zhongxiu. SN-2: A Data Acquisition and Processing system. SIGPLAN NOTICES, 1989, 24(9):66-71.

7. S.Lujun, F.Changpan, S.Zhongxiu, Towards a Compinative Distributed Operating System in CLUSTER 86. Proceedings of loth International Conference on Distributed Computing System.

8. Sun Zhongxiu and Shang Lujun. A Token Algorithm for Distributed Synchronization. SCIENTIA SINICA (Series A), 1987, Vol.XXX, No.2:218-224.

孙钟秀、商陆军.一种用于分布式同步的令牌算法.中国科学(A辑),1987,第一期:107-112.

9. Sun Zhongxiu, Shang Lujun. DMODULA: A Distributed Programming Language. J. of Computer Science and Technology 1986, 1(2):25-31.

10. Xie Li, Chen Peipei, Yang Peigen, Sun Zhongxiu. The Design and Implementation of An OA System ZGLI. J. of Computer Science and Technology, 1988, 3(1):75-80.

11. 孙钟秀.进程和进程同步.计算机学报,1980,2:119-131

12. 孙钟秀等.操作系统DJS200/XTIG.电子学报,1981,2(2):63-68.

13. 孙钟秀等.一种适用于分布式计算机网络的路径算法.电子学报,1984,12(1):35-39.

14. 孙钟秀等.一个分布式微型计算机系统.计算机学报,1984,2:81-87.

15. 谢立,肖伦,孙钟秀.分布式汉字数据库管理系统DdBASE-11的设计与实现.计算机学报,1987,10(10):593-601.

16. 金志权,周晓方,孙钟秀.一种分布式数据处理模型.电子学报,1988.16(2):116-118.

17. 孙钟秀.分布式系统——计算机研究的一个新方向.中国科学院技术科学部委员会扩大会议文件、报告汇编,1982,长春.

18. Xue Xing, Sun Zhongxiu. A Message-Based Distributed Kernel for a Full Heterogeneous Environment. Journal of Computer Science and Technology.1990,5（1）:47-56.

19. 薛行,孙钟秀.ZGL:一个异构型环境的分布式操作系统.计算机学报, 1989,12:923-930.

20. 金志权,周晓方,孙钟秀.多项选择和分布式排序.计算机学报,1989,4: 241-248.

21. 谢立,孙钟秀.智能操作系统KZI.电子学报,1990,18(1):47-50.

22. 薛行,孙钟秀.一个解决分布式内核中状态不一致性的方法.计算机学报,1990,13(6):456-462.

此外,在《计算机研究与发展》、《南京大学学报》等国内学术刊物上发表论文几十篇,在此不细述。

在国际会议上发表的论文如下:

1. Sun Zhongxiu. A Network Environment for Distributed Computing.（Proceedings of the ACN SIGSFT/SIGPLAN Symposium on High Level Debugging）March 1983.

2. Xie li, Chen Peipei, Yang Peigen, Sun Zhongxiu. An OA System for Municipal Administration. ICCC'86, Beijing,1986.

3. Jin Zhiquan, Zhou Xiaofang, Sun Zhongxiu. A Distributed Algorithm for MIS. ICCC'86, Beijing 1986.

4. Zhang Defu, Yang Peigen, Sun Zhongxiu. SN-2: A Data Acquisition and Processing System. 10th International COLATA Conference, Canada, July 1986.

5. Sun Zhongxiu et al. ZGL2: A Distributed Data Processing System Based on Different LANs. 2nd ICCA,Beijing,1987.

6. Shang Lujun,Fan Changpeng,Xu Lihui and Sun Zhongxiu. Distributed Software Development through CLUSTER86. Proceedings of Workshop on the Future

Trends of Distributed Computing Systems in the 1990s. Hong Kong，1988.

7. Liu Chengfei，Sun Zhongxiu，Jin Zgiquan. Query Optimization Stratigies in Heterogeneous Database System LSE. 1988 ISMM. 1988，12.

8. Shang Lujun，Sun Zhongxiu. Building a Combinative DBMS Family with Object-Oriented Paradigm. ICCC'89，1989.4.

9. Shang Lujun，Sun Zhongxiu. Object Storage System OS. Why and How？ PPCC-3，1989，8.

10. Xue Xing，Sun Zhongxiu. Processor Sharing in the Distributed Operating System ZGL. PPCC-3，1989，8.

11. Shang Lujun，Fan Changpen，Sun Zhongxiu. Towards a Combinative Distributed Operating System in Cluster 86. Proc. of 10th International Conference on Distributed Computing Systems，1990.6.

钟秀科研成果获奖如下：

一、获国家级奖两项

1."分布式微型计算机系统ZCZ、ZH和分布式单板机系统的设计、实现及其应用"获1985年国家级科技进步二等奖。

2."农业机械测试数据实时处理方法和仪器研究"获1985年国家级科技进步三等奖。

二、获部、委级一等奖两项

1."DJS200/XT1操作系统"获1980年国务院国防工办科技一等奖.

2."分布式系统软件技术的研究"获1988年国家教委科技进步(甲类)一等奖。

三、获部、委级二、三等奖五项

1."磁盘操作系统DJS200/XT1P"获1985年电子工业部科技成果二等奖。

2."中型计算机(220)试验性联机应用系统"获1985年电子工业部科技成果二等奖。

3."分布式单板机系统"获农牧渔业部颁发的1984年重大科技成果二等奖。

4."分布式数据处理系统ZGLI及其应用"获1986年国家教委科技进步二等奖。

5."农业机械分布式微型计算机测试系统"获1987年农牧渔业部科技进步三等奖。

四、获省、市级奖两项

1."ZH分布式微型计算机系统"获江苏省1984年重大科技成果三等奖。

2."南京市政府局部网络系统"获1985年度南京市微电脑技术应用成果一等奖。

钟秀著书四本,译书一本,主编书一本。

著书

1.孙钟秀.分布式计算机系统.北京:国防工业出版社,1987.

2.孙钟秀,谢立,费翔林,衣文国,谭耀铭.操作系统原理.北京:人民邮电出版社,1980.

3.孙钟秀,谭耀铭,费翔林,谢立,衣文国.操作系统教程.北京:高等教育出版社,1987.

该书在1992年第二届全国高等学校优秀教材评选中获国家级优秀教材奖。

4.谢立,孙钟秀.分布式数据处理.北京:国防工业出版社,1990.

译书(英译中)

孙钟秀,张福炎.计算机程序设计(360系统).南京:江苏人民出版社,1978.

主编书

孙钟秀.电子信息技术(高科技知识丛书分册).南京:江苏科学技术出版社,1992.

该书于1996年获国家科技进步奖三等奖。

第三章　孙钟秀的生活

3.1　恋爱　结婚（1962—1966）

1962年初我和钟秀相识。那时，我是南京大学物理系五年级的学生（当时我国部分高校理科实行五年制），钟秀的父亲孙光远和我的父亲叶南薰都是南京大学数学系教授，我的父亲也是钟秀的老师。

在南京大学校园（1964年）

钟秀和我志同道合，性格和生活习惯有很多相似之处，我们在一起感到非常融洽和快乐，有人说我们是天生的一对。1962年夏我大学毕业留校，在物理系任助教。我们在1965年春天结婚，婚后住在昆仑路10号钟秀父母家。他家房屋周围有很大的院子，院子里有很多树木和花草，还种了一些蔬菜，环境优美。

1965年在昆仑路10号的院子里

1965年在昆仑路10号的院子里

结婚相片（1965年4月）

1965年与钟秀的父母合影于昆仑路10号

1965年与我的父母合影于南京瞻园

　　1965年5月钟秀离开南京,被教育部派往英国,在英国国际计算机公司进修,1967年2月回到南京。

钟秀在英国威德岛海边(1965年)

钟秀在英国曼彻斯特住房前(1966年)

3.2 "文革"经历 喜获儿女 父母逝世(1967—1979)

1966年"文化大革命"开始后不久,南京大学各系的总支书记和系主任都被揪出来批斗,我的父亲当时是数学系的系主任,当然是同样遭遇。数学系学生中的造反派向他"借"我的自行车,我不敢不借。这部永久牌女式自行车是结婚时钟秀送给我的礼物。当时一辆自行车的价钱超过钟秀两个月的工资,那时在南京大学里有自行车的人很少。结婚后一个月钟秀就去英国进修,我回到我的父母家小粉桥5附15号居住,小粉桥5号就在南京大学的南园里,离学校很近,我很少骑自行车,这辆崭新的自行车就放在我家的客厅里。有一天,数学系几个红卫兵到我家来把我的自行车"借"走,留下一张借条,内容是"因革命工作需要,借叶南薰自行车一辆"。下面有造反派头头的签名,那是一位数学系的学生。这辆自行车当然是一去不复返。

钟秀在英国时,我写信给他,只字不提国内及南京大学"文化大革命"的情况。他回国后我把这张"借条"拿给他看,他看后说:"这借条不能保留,以后如果抄家时被抄出,造反派会说

1965年4月在小粉桥5号大院中,钟秀和我一同骑车,我骑的这部车是钟秀送给我的礼物

我们想秋后算账。"他立即把借条撕碎扔进垃圾篓。钟秀是个性格开朗、大度的人,对不愉快的事他看得很淡,并且会很快从大脑中清除掉,以后他再也没有说起过那辆自行车的事。

昆仑路10号院子西边紧邻江苏省肿瘤医院,医院为了扩建,需要征用昆仑路10号的土地。大约在1966年的冬天让孙家搬到附近百子亭的一幢旧平房暂住,昆仑路10号遂被拆除。作为补偿,1967年江苏省肿瘤医院在高楼门79号建造一幢二层楼房,这房子面积比昆仑路的小,院子更是小很多。过了一段时间,孙家搬入高楼门79号居住。

1967年与钟秀的父母(右三、右四)及兄孙钟阳(左一)、嫂沈迪(左二)合影于玄武湖公园

不久数学系造反派通知钟秀的父亲让出一间房间,后来让出两间房间,由他们安排一户人家入住,这一住就是三年多,先后有三家来住过。在这幢房屋里最多时住14人,共用一间厨房和一个卫生间。

钟秀在1967年初回到南京,此后大约有·年多时间,南京大学处于无政府状态,我们除了参加学校里的一些批斗会,无事可做,成了逍遥派。我们经常在家里看书,上午和晚上钟秀看从英国带回来的资料,我学习英语,钟秀用他在北京学习英语的那些教材教我。在他读过的许多英语精读和泛读教材中有很多有趣的故事,他讲给我听,有时用英语讲故事。下午我们到附近的玄武门或湖南路散步,看看街上的大字报。我们从来没有这样空闲过,可以有很多时间在一起度过,很快乐,常常忘记了"文化大革命"带来的烦恼。

那时候在南京大学抄家之事时有发生,我父母家已被数学系学生中的造反派抄过家。钟秀家尚未遭遇抄家,其实家里也没有什么"封、资、修"的东西,更没有反动的东西。但是为防止抄家时被查出"问题",我们两人在家里翻箱倒柜,把家里仔细检查一遍,居然发现了大问题,在钟秀妈妈一只大樟木箱底部垫有一张解放前夕国民党政府的《中央日报》。这是钟秀母亲解放前整理衣服时垫进去的,这只大樟木箱里放的是一些长期不穿的皮袍之类衣服。我们取出这张报纸立即烧掉。在家里我们还翻出大约十块袁大头银元,就到玄武湖公园里,把它们扔入湖水中。

1968年深秋,有一天钟秀被数学系造反派学生狠狠地训斥一顿,钟秀流露出抵触情绪,造反派为了教训他,到高楼门79号我们家里来刷和贴大字标语。在钟秀父亲床边的墙上直接用黑墨水毛笔写上"打倒国民党反动派孙光远!"这标语留在墙上很长时间,我们不敢擦去。钟秀的父亲是我国数学界知名的老前辈,他一辈子教书,研究微分几何。墙上的标语和这位老教授实在无法联系起来。

造反派还想找茬,问钟秀的母亲:"你靠谁吃饭?"钟秀的母亲是聪明人,她回答:"我靠毛主席吃饭。"造反派听了哑口无言。

那时我正怀孕,得知数学系有人要来,我知道来者不善,只得外出躲避,免受折磨。可是我无处可去,因为物理系的造反派已经向我宣布,要我和我的父母划清界线,不可以回家去。我只好到鼓楼医院门诊部的候诊室,在那里坐几个小时后再回家。回家一看,在钟秀和我的卧室里到处是大字标语,书桌上、箱子上、窗台上,甚至电灯线上也挂着标语。在衣柜上是两条巨幅大字标语:"坦白从宽,抗拒从严。"钟秀和我看到这些标语目瞪口呆,不知道我们犯有什么错误需要坦白? 我们不敢扔掉这些标语,把它们折叠整齐放在箱子上面。

在文化大革命中,我们的这些遭遇算是微不足道的,但对我们来说是从未经历过的,因此留下深刻的印象。

1967年钟秀的父母在玄武湖

1965年钟秀和母亲在南京瞻园

　　1969年初,儿子茂宁诞生,给全家带来无比的欢乐。钟秀的母亲说:"家里经过了三十多年才有小孩。"爷爷奶奶非常喜欢他们的孙子。

祖母抱着孙子(1969年11月)

钟秀和儿子(1970年)

1970年的全家合影

　　钟秀的母亲是一位聪明勤劳的家庭主妇,她用毕生的精力照顾钟秀的父亲和她的两个儿子。钟秀非常孝敬父母。母亲十分喜爱钟秀,她常常说:"我没有女儿,钟秀是我的儿子,也是我的女儿。"

　　"文化大革命"中的种种遭遇使她难以接受,经常心情不好,后来患胃癌,不幸于1972年7月病逝。

1975年春天，女儿茂春诞生，全家非常高兴。爷爷兴奋地说："我们家有小姑娘了。"

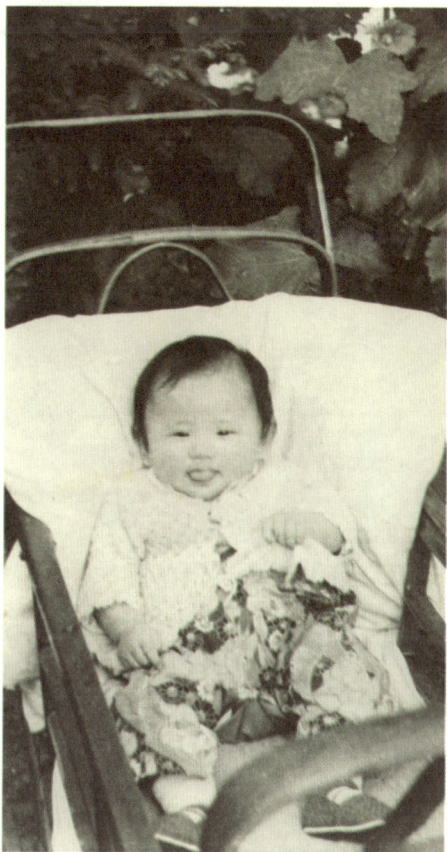

钟秀和女儿

1975年女儿诞生一百天

1975年秋天的全家合影

钟秀的父亲孙光远是我国数学界知名的老前辈，他是我国研究射影微分几何学的先驱者之一，在该领域作出过重要贡献。他是我国数学界最早在国际性数学杂志上发表论文的三位数学家之一。1937年他与孙叔平教授合著的《微积分学》在中国数学教学和发展史上有重要的影响。他写的《空间解析几何》与《微分几何》两本教材，长期在高校中使用。

1933年在他的倡导下南京数学会成立，他被推举为会长。其后他又联系北平、上海、杭州等地同行，于1935年成立中国数学会。抗日战争胜利后，他又倡议成立南京数学会，仍被推为会长，直至1962年。

孙光远爱国、爱校、爱学生、爱数学，新中国成立前他支持学生爱国运动，保护过学生中的地下党员。解放前夕，他反对中央大学迁校台湾，拒绝同事邀他出走的邀请，表示：一不去国外，二不去台湾。抗美援朝期间，以其几何学之长，将一三维问题化为二维问题，算出"为修复被炸公路弹穴需填之

祖孙三代合影于高楼门79号阳台上

钟秀(右)和哥哥钟阳(左)的合影(1965年)

土方量",并将计算结果列成表格送往抗美援朝前线,经前方利用绘图测算进行比较,认为两者基本符合,而提供的表格更为精确易用,即被采用,并回函致谢。

1952年高校院系调整后任南京大学数学系教授兼系主任。孙光远毕生从事高教事业,培养了很多学生,我国近代著名的数学家陈省身、华罗庚、冯康都是他的学生。

在家里,钟秀的父亲是一位慈祥的老人,对儿孙们关爱至极。他的工资比我们高很多,在经济方面大力支援我们,使我们有条件请保姆帮忙承担繁琐的家务,节省下我们宝贵的时间用于工作。

慈祥的老人赢得儿孙们对他的尊敬和爱戴,年迈时得到我们对他细心、周到的照顾。

1979年父亲常发高烧,后来住入鼓楼医院,医生怀疑他的胆囊或胰腺有病,但未能确诊,1979年5月1日逝世。数学系在南京大学体育馆为父亲举行了隆重的追悼会。

孙光远先生追悼会

3.3 事业忙碌 生活幸福(1980—2000)

1972年4月南京大学恢复招生以后,学校的教学、科研工作逐步恢复正常。1978年计算机专业从数学系分出来成立计算机科学与技术系,南京大学的计算机软件学科进入快速发展时期。钟秀满腔热情地投入到工作中去,他对计算机软件的教学和科研工作有极大的兴趣。

这时期,我们家庭的生活条件有很大改善,先后购买了冰箱、洗衣机、室内空调机,告别了使用多年的蜂窝煤炉改用管道煤气。

1991年冬天我们家搬到上海路新村居住,这是一套三室一厅的住房,居住条件有所改善,这里离南京大学很近。

1996年因拓宽马路需要,玄武区政府将高楼门79号房屋拆除,作为拆迁补偿,在珠江路一幢高层拆迁安置房内安排两套二室一厅的房子,分别补偿给钟秀兄弟两家,套房在大楼内西北朝向,几乎没有阳光。有段时期儿子一家住

1983年全家在高楼门79号拥挤的卧室里,其乐融融

在这套房子里。

钟秀在青年和中年时期身体健康、精力充沛，很少生病。他性格开朗、乐观，每天都是高高兴兴的。

钟秀非常爱我们的儿子

在上海路新村住房中全家合影(1991年)

和女儿，我们在一起生活很愉快。在上世纪70年代，南京城里的主要公共交通工具是公共汽车和电车。我们家只有钟秀的一辆自行车。在那个物资匮乏的年代，自行车是稀缺之物，很难买到，购买自行车要凭票，直到80年代初，我们才凑够票买到一辆女式自行车，让我骑。到远的地方去，我们坐公共汽车，近的地方如到我父母家，小孩子就坐在钟秀的自行车上，钟秀经常载着小孩骑车，那段时期他成了我们家的人力车夫。

在家里，钟秀很幽默，会说笑话，还会说绕口令。他口齿利索，绕口令说得很快，让我们大笑不止。有时他用绕口令的方式说某些英语中典型的句子，十分有趣，也让我们易于记住这些英语句子。他有惊人的记忆力，有时讲故事和一些典故给我们听，那是他学生时期看的中国古典名著中的故事，以及后来学英语时读的许多外国经典故事。他讲的故事具有知识性和趣味性，我们都喜欢听。

在我们遇到困难时，他告诉我们美国总统罗斯福的一句名言："The only thing we have to fear is fear itself."记住罗斯福的名言，增加了我们克服困难的勇气。

　　家里一直请保姆帮助做饭和搞清洁卫生工作,我负责采购及各种零星家务。钟秀的时间太宝贵了,为了让他集中精力工作,家里不安排他做家务事。他从未为家人煮过一餐,只是偶尔为家里买水果、面包之类的食品。钟秀不善家务,有时见我忙家务,过来帮忙,他笨拙的样了很可笑,也很可爱。

　　钟秀出国、出差次数很多,他有一部分工作在北京,频繁地去北京。出差在外地,一旦工作结束,他总是争取尽早返回,从来不花费时间外出闲逛或购物。我在家里盼望他早日回来,只要我有空余的时间,就到南大车队搭乘去接钟秀的汽车,到飞机场去接他。回到家里他的旅行箱里照例是一堆脏衣服,不会有外地的土特产。

　　进入中年以后,钟秀的工作更加忙碌,没有时间买面包和水果了,他几乎不用钱,他把自己的全部精力投入到工作中去。空闲时间太少了,为了节省时间,我们交谈常常只能简短扼要,很少有时间闲谈。我要替他买衣服或鞋,他没有时间,不肯和我同去百货公司,总是说他不需要,我只好一个人去买。买衣服比较容易,我带上他的旧衣服去比试,但买鞋比较难,他不肯去,我只好让他把脚踩在一张白纸上,用笔画下他的脚印,裁剪下来,带着这纸上的脚印去鞋店比试鞋的大小,由于没有试穿,有时不合脚,我得再去商店换。中年以后他很少有时间陪伴我们,我常常感到很遗憾,在我们共同的生活中,缺失了太多太多在一起的时间。但是和他生活在一起,会时时感觉到他对我们深深的爱。1991年底,有天中午钟秀回到家里,拿出一封信给我,让我拆开,这封信是北京中国科学院寄来的,我拆开看,这是中国科学院正式通知钟秀于1991年11月当选学部委员的信。在本书第二章"孙钟秀的工作"的第6节中有这封信的相片。实际上早在1991年11月,在南京大学就传出我校有哪几位教授被选为学部委员的消息,所以我们已经知道此事。钟秀对我说,在办公室收到这封信,他估计是正式通知,可是他没有拆开看,带回家来给我,让我来拆开这封信,他想把快乐带给我。我拆开这封信,看到信的内容,我们非常高兴。钟秀对我说:"你有功劳。"这时,多年来工作中的辛苦、劳累顿时都消失了,我深感钟秀报效祖国,推动我国计算机软件事业发展作出的努力得到了认可。

我的弟弟叶梦华(前排右一)与侄子孙俊(后排右一)和我们一起祝贺钟秀60岁生日(1996年)

钟秀的表弟夫妇陆宏凯(左二)、黄蕴玉(右二)和我们合影于上海路新村(1990年代)

1998年在美国叶梦华家团聚。自左至右:钟秀、我、弟媳周滨、侄女叶国雅、弟弟叶梦华、外甥女李海弢、外甥女婿江晓晖

1996年与女儿合影

2005年与儿子合影

2009年与我们喜爱的外甥女李海弘在北京水立方合影

3.4　老年患病　共度夕阳（2001—2013）

2004年全家在院中合影，右一儿媳徐慧萍，右三儿子茂宁，右二孙女孙瑞清，左一女婿黄家欣，左二女儿茂春

2004年全家在南秀村家中合影

2001年南京大学为改善院士们的居住条件，在南秀村建造两幢院士楼。我们家在2002年5月搬入院士楼居住。这里住房宽敞，阳光充足，居住条件大为改善。

钟秀老年不幸罹患帕金森病，健康水平逐年下降，逐渐地行动不便，行走困难，需要家人全面的照顾，他用平和的心态对待疾病。

钟秀患病后,曾多次和家人一起外出旅游,共度美好时光。

在广西漓江的游船上
(1997 年)

在印度尼西亚巴厘岛
和儿子女儿共进午餐
(2007 年)

和儿子女儿同游新加坡植物园(2007 年)

在台湾垦丁海边(2010 年)

和孙女孙瑞清下象棋(2004年)

和外孙黄鼎君在一起(2010年)

我的姐姐叶蕴华（右四）、姐夫李宣文（右三）、外甥李海强（右二）和我们一起过春节（2007年）

在女儿家合影（2007年）

我们和儿子、儿媳、孙女及女儿、外孙在南秀村家中团聚（2008年）

我们在玄武湖公园的夕阳中(2007年)

儿子、儿媳、孙女和我祝贺钟秀73岁生日(2009年)

钟秀在新加坡植物园(2008年)

　　钟秀的一生是充实的、快乐的,唯一的不幸是老年患帕金森病。他在家人精心的照顾下生活多年,最后由于肺部反复感染,不幸于2013年5月18日永远离开了他热爱的计算机事业和他留恋不舍的家人。

　　时光流逝,往事如风。钟秀到了天国,永远不再回来。现在家里每个房间放有许多他的相片。他在相片里关注我们,陪伴我们,向我们微笑。钟秀永远活在我和儿女们的心中。

第四章　纪念文集

4.1　回忆孙钟秀院士

◇李　未

孙钟秀院士是我尊敬的老先生,他生前非常支持并大力帮助过北航计算机学科的发展。

"文化大革命"后期,大约是1974年前后,航空工业部决定支持北航建立计算中心,给中心配备了一台从罗马尼亚进口的Felix-256计算机。这台计算机是罗马尼亚仿照法国Iris-50计算机制造的,但在当时已经是我国最先进的计算机了。它配备四台先进的磁盘机组成的阵列和四台16英寸磁带机,软件方面使用的是series-2操作系统,相当于IBM-OS,是当时最先进的操作系统。我在计算中心任软件组组长,负责保证计算机日常开机运行以及软件操作系统的维护。那时才从北大老师那里第一次听到孙钟秀老师的名字,得知他早在"文化大革命"之前,就被国家选派到英国进修过计算机软件,是我国操作系统方面的专家。

但真正认识孙老师,并与孙老师一起共事,则从1987年开始。那一年,我们同被选入"863计划"智能计算机专家组,孙老师是负责软件发展的责任专

◇李未:北京航空航天大学原校长、教授,中国科学院院士。

家,我是负责基础研究的专家。在专家组的共同工作中,他对我非常关心,经常鼓励我要在学术上为国家多做贡献。孙老师待人谦和友好,办事细致认真,遇事不急不慌的儒者风范,更是给我留下了深刻的印象。

1988年世界银行与我国政府协商后,向我国提供一笔无息贷款,准备在我国建设一批国家重点实验室,以促进我国科教事业的发展。北航闻讯后就申请承办一个关于软件方面的国家重点实验室。有一天孙老师对我说,他和慈老(慈云桂院士)很关心北航计算机专业的建设,想对北航情况做一个调查。谈话中,我才得知,我国政府和世界银行组织了联合专家组,以调查各申请单位的情况,孙老师就是专家之一。我立刻回校向时任北航计算机系系主任的钱士湘老师做了汇报。钱老师决定和我一起去面见孙老师。我们到了孙老师下榻的宾馆,向孙老师详细汇报了北航计算机系的现状及其建设情况。孙老师耐心听完了我们的汇报后,表示将支持北航的申请。经过孙老师和其他一些专家的多方努力,教育部最终决定把国家重点实验室设在北航,定名为"软件开发环境国家重点实验室"。这个国家重点实验室成为了继南大、武大之后我国第三个软件方面的研究基地,也是北航当时唯一一个国家重点实验室。

实验室建立后,获得了世界银行125万美元的支持,购买了一批当时最先进的Sun工作站和SGI图形工作站,以及一台PDP计算机。学校在改革开放初期极端困难的情况下,也从当时新建的逸夫科学馆拨出1200平米作为"软件开发环境国家重点实验室"的科研用房。重点实验室的建立为北航计算科学与工程专业的发展提供了国内一流的信息基础设施,北航从此开始有条件、有能力承担国家项目,诸如"863计划"、"973计划"和国家基金委的一系列重点项目。北航的计算机科学与工程学科的发展由此走上了快车道。

"吃水不忘挖井人",每当回忆起这段历史,我都对孙老师心存感激之情。我将永远铭记孙老师生前对北航和对我本人持续不断的关心、支持和帮助。

2015年10月3日

4.2 怀念孙钟秀先生

◇陈国良

孙钟秀先生和我虽不在同一单位,但他和我曾同在教育部高等学校计算机教学指导委员会共事多年。1990年至1995年他任计算机教指委主任,我是委员;1995年至2000年他仍是计算机教指委主任,我是副主任,是他的副手,负责计算机专业教材的规划与建设工作。我俩又于2000年计算机教指委期满换届时同时离开了计算机教指委。算起来,前前后后,我们在教指委整整共事长达10年之久,真可谓在人生道路上,我们共同走过了一段漫长而又值得回忆的旅程。

孙先生平易近人,为人谦和,在他手下工作,十分和谐和愉悦。他宽人严己的工作作风,使人肃然起敬;他大胆放手群众,支持下级的工作,令人钦佩;他对成绩和荣誉的谦让,赢得了大家的尊重。

我在漫长的学术生涯中,处处受到孙先生的关照。当年,对并行算法的研究,国内很少有人问津,他却热情鼓励我担此重任,积极支持我做并行算法的教学和研究,并且到处介绍我们的工作,从而扩大了我们在此方面工作的影响和地位,使得我们的研究团队在国内一度颇有名气。我一想到此事,一种对孙先生的感激之情,顿时涌上心头,久久不能平息!

孙先生逝世已两年多了,我失去了这位良师益友,非常痛心;我们失去了这位计算机界的前辈,也甚为遗憾。现借纪念孙钟秀先生八十诞辰之机,随便说上几句话,也算是我对他的怀念吧!

2015年10月12日于深圳大学

◇陈国良:中国科技大学教授,中国科学院院士。

4.3 深情缅怀我最敬仰的学者

——纪念孙钟秀院士诞辰80周年

◇陈世福

今年是我最敬仰的学者孙钟秀院士诞辰80周年,在纪念孙院士80诞辰之际,和孙院士共事多年的往事浮上心头,但感触最深的、永远使我难以忘怀,还是他为计算机科学系的发展作出的杰出贡献和勇于创新、诲人不倦的教师典范,严谨的学术作风和高尚的人品。

我与孙院士在计算机系共事几十年,有时他是我的领导,有时和他共同负责系里的党政工作,和他接触较多,受益匪浅。

他身兼教学、科研,并长期担任校、系党政领导,以及社会学术团体等工作。他兢兢业业,埋头苦干,工作一丝不苟,几十年如一日,成为工作、业务"双肩挑"的典范。他学识渊博,一生淡泊名利,光明磊落,从不与人争名夺利。他豁达大度、平易近人,恭谦和包容是他做人的标杆,他用善良、坦诚和朴实对待着每一个人,他克己、厚道的高尚品德让人们念念不忘,是深受大家尊敬的德高望重的先贤名师,是我一生最敬仰的学者。

他一生踏踏实实地做学问,兢兢业业地、不辞辛苦地长期担任校、系繁忙的管理工作,由于长期的超负荷的繁重工作,以至于积劳多病,较早地离开了我们,但是他的音容笑貌和高尚的人品仍然鲜亮地铭刻在我的心间。他对计算机科学系发展的杰出贡献使我终身铭记于怀。

与他共事多年的往事浩如烟海,静下心来,凝神追忆,孙院士的音容笑貌和高贵的品质像影视镜头,一幕幕地浮现在眼前。

◇陈世福:南京大学计算机科学与技术系教授、原南京大学计算机科学与技术系主任、系总支书记。

杰出的贡献

孙院士是南京大学计算机科学系的创始人之一。早在1978年计算机系建系之前的70年代，即"文化大革命"之后，数学系成立计算机教研室，他就担任教研室主任，带领和组织教师进行科研和教学工作。由于他高瞻远瞩的办学方针，根据国外的发展和当时国内的要求和实际情况，他非常重视教师在软件和硬件实践中的锻炼和成长。70年代初，国家决定研制DJS-200系列计算机，他积极组织软、硬件教师承担200系列计算机软件和硬件的研制，并于70年代后期成功完成我系所承担的任务，其中孙院士领导的操作系统组为DJS-220和DJS-210研制的计算机操作系统完成得很好，获得了显著的成果。其研制的成果不仅在国内外影响很大，更重要的是培养和锻炼了一批计算机软、硬件方面的人才，为计算机系的建立和发展奠定了良好的基础。

孙院士早在1965年由国家选派去英国进修操作系统，1979年又派往美国威斯康星大学做访问学者，参加研制分布式计算的研究工作。孙院士专业基础和英语都非常的好，国外的先进技术掌握得很快，并获得显著成果，在当时就被国外专家称为中国计算机软件一流的专家。

80年代初，他就带领计算机系的研制小组研制成功我国的第一个分布式微型计算机系统ZCZ，该成果获1985年国家科技进步二等奖，并在国内外重要学术刊物发表一批高水平的论文，更重要的是为计算机系培养了一批该领域的专业人才，为计算机系的软件学科的发展做出了杰出的贡献。

80年代他担任计算机系系主任期间，对计算机系的学科建设和发展以及教学付出了非常辛勤的劳动，他工作非常认真、负责，虽然他社会活动和科研教学工作很繁重，但是他还是不辞辛苦、日以继夜地研究国际上计算机学科发展的动向，提出了一些具有创新性的办学方针。在系里的办公会议上，他经常提出要以国际科学前沿技术和国家重大需求为导向，开展系里的科学研究，根据系里的实际情况制定计算机系的发展体制，以及几个具有前沿性的研究方向，并提出突出重点，合理科学定位和办出特色。系里的每项重大科研项目，他都不辞辛劳,加班加点地和大家一起讨论,进行详细的安排和落实。例如1986年准备"计算机软件新技术国家重点实验"专家论证会期间,他都亲自参加一些事务性的准备工作。

我还清楚地记得,有一次他晚上很晚从外地出差回来,没回家休息,就赶到北大楼系里,来检查论证会准备的情况,并亲自动手和我们一起写介绍材料,办理有关事项。我们动员他回家休息,他不肯,直到深夜快12点告一段落后,他才和大家一起回家休息。他这种精神对我们鼓舞很大。

在教学方面,他亲自组织制定系的教学计划和重点课程的建设。每学期的办公会议都专门安排几次会议,讨论教学工作。在会上,他都提出具体的意见。他经常告诫大家,人才培养要坚持严谨,高标准地培养德、才兼备的计算机人才。他要求科研骨干要上讲台,做到科研、教学工作相辅相成。

每学期大学生各年级的教学计划,他都不辞辛苦地加班加点地和大家一起讨论,并进行详细的安排和落实,还经常地进行教学检查。他对教学计划非常关心并高标准地要求。他经常从国外开会回来,带来国外著名大学计算机专业的课程计划和安排,供系里安排教学计划时作参考。在他的领导下,经全体师生的共同努力,计算机系教学质量逐年提高,为国家培养了大批优秀的计算机人才。

现在南京大学计算机科学与技术系经过几代人的扎实工作和奋斗拼搏,在国内高校始终保持前列地位,计算机科学与技术学科是国家重点一级学科,是国家"211工程"和"985工程"重点建设学科,并建有"计算机软件新技术国家重点实验室",特别是计算机软件学科成为国内非常有影响的前列学科。计算机系所以有今天,与孙院士等老一辈领导带领全系师生员工艰苦奋斗,努力拼搏所奠定的基础是密不可分的,其中孙院士竭尽全力为南京大学计算机系的建设与发展做出了杰出的贡献。

孙院士丰硕的科研和教学成果,以及对计算机科学系发展的杰出贡献在这里仅写一些片断,又因水平有限难以准确、详细的描述,请谅解,详情请参看他的生平介绍,这里不再赘述。

高尚的人品

孙院士虽然离开了我们,但是他的音容笑貌和高尚的人品总是在我的脑海中出现,使我难以忘怀。

我和孙院士在计算机系担任管理工作共事多年,孙先生对我的影响是多方面的。他虽是一位著名的学者,学识渊博,但他非常平易近人、豁达大度,他默默地教书育人,恭谦和包容是他做人的标杆。他经常告诫我们,如何带领全系教师踏踏实实地做学问,要尊重每个教师的研究成果,要关心每个教师的成长,要用善良、坦诚和朴实对待每一个人,以便充分发挥每个教师的才能。例如上世纪80年代计算机系刚建立不久,年轻教师较多,高级职称少,每次学校教师提升职称时,他都叫我去学校汇报系的发展和教师情况,以便争取多一些高级职称的岗位,以促进系的发展和教师的成长。在他的这种思想指导下,我

1984年去香港和日本考察计算机学科的研讨会上。左三孙钟秀、右后陈世福

们系科研和教学环境是很宽松和自由的。系的优良学术气氛和环境,使得每个教师都能充分发挥自己的才能和研究兴趣,例如80年代根据国内外计算机系统结构(硬件)的发展和国内高校的实际情况和需求。以他为代表的计算机系领导就非常鼓励和支持计算机硬件的教师根据自己的爱好转向计算机应用技术和计算机软件领域的研究,呈现了如计算机图形学、机器翻译和人工智能等计算机和应用领域的研究,大大拓宽和加强了系的研究领域,为我系以后的计算机领域多学科的发展奠定了良好的基础。

孙院士非常支持和尊重每位教师的研究方向和成果,并乐于助人。有一件事我至今记忆犹新,感受颇深。90年代初,我负责研制的"电脑刺绣编程系统"刚刚取得了一些成果,孙先生就非常地关心并给予具体指引。因为当时我国刺绣行业主要采用国外的软件产品进行电脑刺绣打版,而价钱非常昂贵,维护也很困难。孙院士就劝告我们"要开阔视野,该研制一定要赶超国外的同类产品,要实用化和商品化,否则其研究成果毫无意义"。在他的指导和鼓励下,我们加紧向实用化和商品化的目标进行研究和完善。后来,他又推荐该项目申请国家"863高新技术项目"。在国家"863高新技术项目"的多次资助下,我们的研究进展很快,其系统达到国外同类产品的性能,并且具有一定的特色,系统达到商品化,其价格仅是国外产品的五分之一,在全国30多个地区和国外推广应用,取得了显著的科研成果,并获得省、部级奖励。类似的情况很多,在孙院士的推荐和努力下,南京大学计算机系还有一些科研项目多次被列为863高技术研究课题,并争取到很多的科研经费,取得的科研成绩也非常显著,曾多次受863专家组的表扬,为我系的发展起了很大的推进作用。这些成绩是与孙院士的亲身指导和帮助分不开的。

孙院士达观、平和,乐于助人,与人相处以和为贵的高尚品质,给每一个见过他的人都留下极为深刻的印象。他对人热情,对待同志如家人一般和蔼可亲,无微不至地帮助同志们排忧解难,受孙院士指点和惠泽的人很多,如今都修成了正果。他竭尽全力为计算机系的和睦、团结和发展做出了重要贡献,他的高尚品格令我终生难忘。

永远的怀念

孙院士一生孜孜求索、攀高攻坚，几十年如一日，始终勤勤恳恳、任劳任怨、日以继夜地工作，即使假日也极少休息，为计算机科学系的建设和发展做出了杰出的贡献，现在我们深切地缅怀孙院士，追忆先贤，他高尚的人品永远记在我心中。从我内心来说，对孙院士的敬爱之情，缅怀之情，真是说不完，道不尽，由衷地说一声，孙院士你是我一生最敬仰的人。

斯人已逝，风范长存。我们永远不忘孙先生为计算机科学系发展奉献的心血。孙院士永远活在我们的心中。

4.4 平生风义兼师友

——忆孙钟秀先生二三事

◇张德富

孙钟秀老师离开我们,转眼已两年了。两年多来,我时时忆起这位长我一岁,先后同在南京大学数学天文系数学专业学习,同在毕业之时留校任教(我是南大57级学生,62届毕业生;他是南大57届毕业生),同样终身从事计算机工作的学长、老师、同事。我每每怀想钟秀的音容笑貌、历历往事,情难自抑。

我和孙钟秀老师工作、交往五十多年,他对我帮助很多、影响很大,真的称得上"谊兼师友"。记得上世纪60年代初我还未毕业,和孙钟秀老师同住平仓巷5号数学天文系办公楼。我住楼上朝东约15平方米阳光充足的房间,他反而住在约4平方米的一楼暗室。当时,他是数理逻辑教研室的负责人,我只是计算技术教研室新进的预备教师。平时他对我照顾有加。他见我学习、教学和科研任务较重,时不时地来询问和关心我。有个寒冬的晚上,他又到我房间,见我冷得披着棉花胎在备课,便再三关照我注意身体,不要睡得太晚。第二天,他就设法借来一件大衣送到我手上,还让我以后有什么困难尽管告诉他。这些,真比雪中送炭的帮助使我倍感温暖。

作为预备教师,1960年我曾参加他领导下的试验性的"下棋机"、"逻辑机"等机器的研制工作。一天,正为设计和调试好了"四元逻辑机"的继电器电路感到喜悦和轻松,孙钟秀老师过来,亲切地对我说:"不要高兴得太早。做科研工作必须精益求精,还要不断开动脑筋,想一想能否进一步拓展和创新。"见我未回答,便又问我能否探索让一个继电器多推动几个继电器,如果能够实现一个继电器多推动几个同样的继电器,就有望研制成更多元的逻辑机。按照他的清晰思路,我们努力地开展研究、实验,终于研制出了"八元"、"十六元"、

◇张德富:南京大学计算机科学与技术系教授。

"三十二元"逻辑机,成为当年我校参加省展览会的科研成果之一。

　　1965年孙钟秀老师去英国留学,学习计算机操作系统。1967年归国时,一心想用学到的先进技术报效祖国,于是搜集、带回大量操作系统方面的资料。不巧正逢全国搞"文化大革命",由于他出生教授家庭,又是业务尖子,很快受到了冲击。为了尽早引进国际先进的计算机操作系统,他顾不上个人风险和毁誉,在"文革"闹得最厉害的1967、1968两年间,多次应邀去了华北计算技术研究所,讲授计算机操作系统,并帮助他们解决了进口计算机的操作系统上的技术难题。他还应邀去北京大学、中国科技大学、华东计算技术研究所以及西北计算技术研究所等单位讲解操作系统。个别国防研究部门闻讯也请他去讲学。他的这些活动,为我国引进国际先进的计算机操作系统技术作出了重要的贡献。他领导的研究小组,在70年代陆续研究和开发出DJS200/XTI、

上世纪80年代中期,孙钟秀(右四)和教研室的同事谭耀铭(坐者)、张德富(左一)、杨培根(右三)、金志权(右二)、徐希豪(右一)在一起讨论工作

DJS200／XTIP操作系统;并在理论研究方面发表一批学术价值高、国内影响大,在国际上也颇受关注的论文;编著、出版了《操作系统》教程,对我国高校计算机专业教学,起到了重要的推动作用。

1979年,孙钟秀老师去美国威斯康星大学做访问学者。出国之前,他已注意到当时国际上正在兴起的分布式计算研究方向,于是提出做这方面的研究。正好该校也有这个研究方向的课题小组。他到这个课题小组参加研究工作不久,就完全融入美国同行的工作中,并且表现出众。该校计算机系主任Landweiber教授对他非常赏识,力邀他留下,为研究生们讲课。而他想的是,科学没有国界,科学家有祖国,自己必须尽快回国,组织开展分布式计算研究工作。1981年初,他申请提前回国。回国前,美国同事评价他是中国计算机软件系统的第一流专家。系主任Landweiber教授诚恳地对他说:"我请你来为我们研究生讲课的邀请仍然有效。"从美国回来以后,他全身心投身科研,带领部分老师和研究生开展分布式计算的研究工作。经过艰苦努力,于1982年10月研制成功我国第一个分布式计算机系统,取名为"ZCZ",即"祖冲之系统"。为了把研究成果迅速应用、服务于国家的经济建设和国防建设,他又带领大家开发了数个分布式计算实用系统,主持研制了多个分布式系统软件。这些成果居于国内领先地位,部分达到国际先进水平,获得了八项国家级与部、省级奖。同时在国际、国内著名杂志上发表了多篇有关分布式系统的学术论文,出版了《分布式计算机系统》专著,培养了数十名博士和硕士研究生。鉴于他在计算机操作系统和分布式计算等方面的杰出贡献,1991年当选为中国科学院学部委员,即院士,时年55岁,成为当时江苏省最年轻的院士。

1984年9月我调到分布式计算系统教研室工作,直至2003年2月退休,孙钟秀老师一直是教研室主任。近二十年期间,我从他身上学到了许多东西,尤其是在如何从事科学研究工作方面,我受到大量启发,增长了很多见识,提升了学术水平,增强了科研能力。

在与他多年的共事中,我深深感到,孙钟秀老师十分善于选择和把握正确的科学研究方向,非常重视发扬团队精神,特别注重培养学生和青年教师。

　　数十年来,孙钟秀老师审时度势,选准了操作系统和分布式计算系统等研究方向,他所主持研制的操作系统和分布式计算系统都和国内研究与应用的大气候合上拍,在国家现代化建设中发挥了重要作用,形成了一种理论开花应用结果,应用又推动理论研究向纵深发展的良性循环。在国际上也引起重视,如他主持研制的几种分布式程序设计语言博得了图灵奖获得者、著名计算机科学家 Hoare 以及 Jones 的好评,国际著名的美国纽约 YOURDON 出版社曾写信给他,希望他写一本有关这方面的专著;有关论文受到美国、澳大利亚以及印度等多个国家的专家和学者的关注并被多次引用。他选择研究方向时,特别强调"两个最"和"一个条件":即瞄准世界最前沿的技术,了解国内最需要的技术;弄清自己现有的条件。把握好这三个环节,研制工作十有八九会成功。选择和把握好正确的研究方向是成功的关键。

　　在工作中,孙钟秀老师一直认为从事计算机的研究工作靠的是大家合力,必须充分发挥团队精神,凝聚集体智慧和力量才能出成果。他作为学术带头人不仅在业务上出类拔萃,在待人处事上也总是严以律己,知人善任,尊重别人,调动大家,齐心协力,和衷共济。即使在"文革"中批判过他的人,他也以诚相待,彼此毫无隔阂。他很注意培养和建设科研梯队,在我们还没有资格带硕士生的时候,他就有意识安排我们和他一起带硕士生,在我们没有资格带博士生的时候,他又携同我们一起带博士生……他用心之良苦,态度之认真,令人难以忘怀。在他的带领下我们形成了一支结构合理的人才梯队。他在用人和管理方面颇有大将风度,放手让大家干,尽可能地发挥各人的专长。在他当选为学部委员后,同事们要为他召开庆贺会,不仅被他谢绝了,反而他坚持要找差距。他一贯谦虚谨慎,从不对同事、被领导者,甚至学生拿架子、发脾气,同时他又对同事和学生要求很严,在做学问方面不允许有丝毫差错;对外也从来不肯讲自己的成就,在取得成果后经常叫大家找差距,戒骄戒躁。

　　孙钟秀老师认为计算机事业是年轻人的事业,因此他特别注意培养、关爱学生和青年教师。他的行政工作多,社会兼职多,科研任务多,出差多,开会多,但他不管多忙,都坚持为本科生和研究生上课,如因出差缺了课,回来立即补上。他教书育人，同学们说，和孙老师在一起，不仅学会了做学问，更学会了做人。有位他指导的研究生留校任教，他亲自设法帮这个年轻人解决了夫妻两地分居的问题。还有我印象较为深刻的一件事是，1986年我们因"分布式微型计算机系统ZCZ、ZH和分布式单板机系统的设计、实现及其应用"获得1985年国家科技进步二等奖，得到了国家发给的一万元奖金。按规定奖金的70%由获奖主要研究人员的前五名分享，但孙钟秀老师认为，这个奖与所有参与人员密切相关，包括教师、研究生、实验员及工人，奖金应该分发给所有相关人员，差距不能大。于是最后的分配成了：第一名获奖者孙钟秀老师仅拿奖金500元，与另四位主要研究人员一样，其余同志数百元不等。其中有位分到外地工作的硕士研究生拿到200元奖金后，感慨地对我说："孙老师一直记着我们，尊重学生的劳动，关心我们的前途。这钱代表了他的一片心意啊！"

孙钟秀院士一生忠于祖国，志在报国；热爱事业，成果丰硕；好学深思，严谨求实；谦虚谨慎，平易近人。在他身上，体现了南大人的优异品格，与中国知识分子的高贵风范，值得我仰视、学习和继承。哲人其萎，往事难忘！2016年是孙钟秀院士诞辰80周年，谨以此文，追思钟秀，表达我永远的铭记。

4.5 点点滴滴 汇流成河

◇谭耀铭

孙钟秀是高我三届的学长,曾同时在南京大学数学专业读书,我一年级,他四年级。在我四年级被调到数理逻辑专业学习时,他已经是数理逻辑教研组的主任,成了我的老师。我毕业后留在数理逻辑组当助教。我们又成了同事。

孙钟秀不仅业务能力强,而且为人正直,待人谦和。系里年长一些的或相处熟悉一些的同事都喜欢对他直呼其名,叫他钟秀。即使后来他成了博士生导师、当上了院士、担任了副校长,仍然不摆架子,不耍大牌,还是很乐意地接受大家称呼他为钟秀。他已是大家最亲切的朋友。

上世纪60年代钟秀被公派去英国进修深造。他学习的是计算机操作系统。当时这在我国尚是空白。学成回国后,他毫无保留地把所学的知识传授给大家。

我是在1974年开始跟他学习操作系统的。记得那年由当时的电子工业部组织部分高校和工厂联合研制DJS200系列计算机系统。钟秀带队承担了其中DJS220和DJS210操作系统的研制。我是他的队员,跟着他边学习边工作。

他提出了总体方案供大家讨论。在分工设计时,又不断地组织协调相互间的联系和配合。上机调试程序、熬夜班、进行系统联调,他都是亲力亲为。在他的领导下,我们不仅按时完成了项目,而且该系统荣获国防工办科技成果一等奖。

在1972年,国家恢复了中断了六年之久的高校招生工作。南京大学进来了第一批工农兵学员。其中部分学员分到了计算机专业。经过一年多的基础

◇谭耀铭:南京大学计算机科学与技术系教授。

知识学习后便开始学习专业知识。

操作系统是计算机专业的重要专业课程,必上无疑。这是一门新课程,国内没有任何现成教材。对此,钟秀早有准备,已经提前精心写好了作教材用的讲义,并亲自为学生讲授操作系统。他给两届学生讲授此课后就安排我来上。当时我心里真是既惊喜,又紧张又恐慌又顾虑重重。他看出我的思虑后,不仅鼓励我,而且作出了一个令人十分意外的决定:由他亲自为我当"助教"。

为了不辜负钟秀对我的期望,我也鞭策自己,加倍努力准备教案。仔细认真地思考教学方法。就这样,我站在讲台上讲,他和学生们同坐在下面听,而且每课必到。课间他和学生们交流,了解学习情况,解答学生的问题。课后他和我交谈,肯定我讲课中处理得当的环节,指出可以优化的地方,提出改进的建议,让我受益匪浅。

他的这种毫无保留传授知识和身体力行、无私助人的可贵精神让我终身难忘,永远铭记于心。

记忆中的钟秀具有克己奉公的高尚品质。1976年夏天,我们一行四人出差上海进行课题调研。那时不像现在到处林立着各种星级宾馆酒店,可以随到随住。当时只有一些简陋的旅社和招待所,而且数量极少,尤其在上海更是难以找到合适的住所。为此,钟秀让我提前一天先去上海解决住宿问题。我找了一家中档旅社,每人每天4元,属于当时可报销范围。我自以为任务完成得很好。第二天钟秀他们到达后,听我说住宿要每人每天4元,顿觉太贵。最后还是他通过一个熟悉的朋友找到一家招待所。我们去时恰好有人退房,就安排给了我们。那个招待所非常简易,每个房间有4张上下铺床,只有1张桌子,没有卫生间,共住8个人。楼内卫生间是公共的。每人每天收费1元5角。钟秀立马决定就住这里。他说:"能为国家省一点是一点,把钱用到更需要的地方。"

白天我们出去调研,晚饭后他带我们登上招待所楼顶的露天平台,席地而坐,边纳凉,边谈工作,边聊家常。

他对事业勤勤恳恳,对生活不图享受。这种为人表率的精神一直深深地埋在我心中,不能忘怀。

　　钟秀在当系主任期间大事有主见,小事能放手。他为系的建设和发展提出规划,听取多方意见,建立团结合作的行政班子,保证了教学和科研工作的顺利进行。

　　他既鼓励全系教职工努力工作,又能体谅大家去处理好私事和家庭突发事件。为此,他作出决定且向全系宣布:凡教职工因私请假三日之内在不影响工作或安排好工作的前提下可直接向教研室主任申请,不必通报系级领导。他这个决策既方便了群众,又发挥了基层干部的作用,也减少了系级领导的繁琐杂事。他相信群众,群众也鼎力支持系里的工作,达到了双赢。

　　不仅如此,不少教职工还得到过他的直接关心。以我自己来说,当得知我妹妹患了癌症且是晚期,他就经常询问我妹妹的病情,叮嘱我利用假期或抽空多回去看看,甚至只要有合适的出差机会也会安排我去,让我工作之余可多陪陪亲人。可见,钟秀是一个多么有情有义的领导。

　　点点滴滴虽不起眼,却能折射出灿烂光芒;点点滴滴虽不惊奇,却能深深地永留人心;点点滴滴,聚小为大,汇流成河。

写于2015年10月

4.6 往事如画

◇徐永森

我和钟秀相识于1959年9月。

当年我本科毕业，考取著名的数理逻辑学家、我国数理逻辑教学和研究的奠基者开拓者之一莫绍揆教授的研究生，有幸成为莫先生的第一个弟子。那时研究生极少，所有活动都和教师在一起。当时数学天文系刚成立数理逻辑教研组，钟秀是主任。我自然就在他领导下、莫先生指导下学习并参加各项活动了。

钟秀，宽大的前额，明亮的眼神，挺拔的鼻梁，高高的个儿，亲切和蔼的笑容，一见面就给我亲切感和吸引力。从此，我们结下了一辈子的深厚友谊。

他既是我的领导，也是我的学长，比我高两届。1957年钟秀数学专业毕业后考取了研究生，导师是他的父亲孙光远老先生。

孙老先生是我国著名的老一辈数学家，新中国成立前是中央大学理学院院长，新中国成立后是南京大学数学系首任系主任。孙老从事微分几何研究，国际上著名的数学家陈省身先生就是孙老的学生。陈在微分几何方面有里程碑式的研究成果。1955年我考入南京大学数学天文系读书时，孙老还是系主任。我的微分几何就是孙老先生教的。那时孙老的视力听力都已经不好，但讲课声音洪亮，板书公正，条理清楚，深入浅出，学生受益匪浅。

由于1957年的反右运动和1958年的大跃进运动，1958年停止了招收研究生。不仅如此，连1957年招收的研究生全都被取消。钟秀也因此从研究生转为教师，同时教学和科研方向转为数理逻辑，并被任命为数理逻辑教研组的主任。

我到组里后，他除了让我服从导师莫先生的安排指导并督促好好跟着莫

◇徐永森：南京大学计算机科学与技术系教授。

1961年数学系数理逻辑教研室教师莫绍揆（前排中）、徐永森（第二排左二）、徐洁磐（第二排右一）、孙钟秀（后排左一）、骆光武（后排右一）和进修教师合影

先生学习外，还安排我学习洁磐兄和他设计的逻辑机，并参加逻辑机的制造。

在他们的领导下，我和光武、耀铭、国香等人日夜工作，终于在1960年春完成了逻辑机的制造。接着，又派我带着新完成的逻辑机去北京参加全国文教群英会的成果展。

我们制造的逻辑机实际上是一种具有计数器功能的计算逻辑运算公式的机器，其功能远小于计算机。但当时在没有国产计算机的情况下，该机的出现在国内还是起到一定的影响与作用的。

展览回来后，他又带领洁磐和我去华东军区总医院调研，并合作开发肝炎自动诊断系统。该系统相当于现在的专家会诊系统。我们又去交警大队调研，和他们合作开发自动交通指挥系统，该成果曾参加1960年南京市科技成果展览。还和南京机床厂合作研制数控车床样机。

遗憾的是所有这些成果由于当时器材等条件的限制，没能真正投入实际使用，但是对我后来从事软件教学和科研都是起到了引领作用，受益匪浅。

钟秀一直非常重视老一代知识分子的团结工作。

虽然莫先生因所谓的历史问题在历次的政治运动中受到不公正的待遇，但是钟秀对他始终如一地尊敬、尊重、关心，并放手让他做喜欢的工作。

制订专业教学计划时总是反复与莫先生讨论，听从意见，共同商定。更是支持和鼓励莫先生进行学术研究，多出成果。正是钟秀做教研室主任的那段时期（1958—1966），莫先生取得了许多丰硕的教学和科研成果。出版了2本专著、2本译著，发表学术论文和科普作品24篇。"文革"前莫先生的研究成果主要都是在这个阶段完成的。

对于新成立的专业来说，人才培养、队伍和学科建设当然是十分重要的工作。虽然钟秀当时是刚毕业不久才20多岁的年轻教师，但目光敏锐，考虑深远，始终把这些工作放在重中之重，始终积极配合系领导做好这些方面的工作。

人才培养中他特别重视打基础，所以在公共基础课中数学基础课安排了许多，有4~5门之多。专业课同样如此，专业理论课也占了很大分量。同时还不断更新课程设置，在1964年前后就开设了Agole60。

队伍建设和学科建设当然是教研组的主要任务了。钟秀负责数理逻辑组工作的8年中，教研组成员从开始的5人发展到了近20人。一部分人跟莫先生从事数理逻辑理论研究，另一部分在他和洁磐领导下从事数理逻辑应用研究。

我分在理论组。随着计算机科技的发展，1962年起在他的鼓励和安排下，理论组开始和徐家福先生领导的程序设计组合作举行讨论班。1965年我们理论组和程序组完全合在了一起，直接在徐家福先生领导下开展程序理论和程序设计自动化的研究工作。从此，我就在徐先生的领导和指导下走上了软件语言、软件开发、软件工程的教学和研究之路。

钟秀领导的应用组先是学习仿苏的 104 计算机,到 1964 年、1965 年便开始参加 165 计算机的设计开发工作,后来由于"文化大革命"运动被迫中止。

1965 年钟秀被派往英国留学。当时操作系统刚刚绽露头角,钟秀敏锐地看出了操作系统的重要性,毫不忧虑地选择了这个方向。他曾经告诉我,学习时常常有人跪在他办公桌前向他请教问题。当时他是告诉我,"跪"在西方人的眼中和"站"一样没有任何特殊含义。但这件小事也说明他的操作系统比其他人学得好,理解得深。

因为"文化大革命"的关系,1967 年被迫中止进修,被提前调回学校参加"文化大革命"运动。回来后,他白天参加运动,晚上就整理留英时的资料。1972 年大学恢复招生,他抓紧时间编写操作系统讲义,率先在国内开设了操作系统课程。从此数理逻辑应用组就转向到操作系统方向。在他的领导和指导下南京大学的操作系统教学和研究走在了全国的前列。

回忆这些往事,心潮澎湃。往事如画,一幅幅永留脑海;往事如歌,一曲曲永绕胸怀;往事如酒,越久远越醇香越浓厚越甘甜。

写于 2015 年 10 月

4.7 忆良师益友孙钟秀院士

◇费翔林

适逢孙先生诞辰80周年之际,撰写纪念文章来缅怀和悼念先生。哲人其萎,勋业长存。回想他的一些往事,追忆他的一段历史,以抒发和寄寓我的思念之情。

南京大学的计算机科学研究与教学起步于1958年。1978年,计算机科学系成立。我有幸被孙先生挑选进入计算机科学系,此后30多年,我都师从先生,在他悉心指导和关怀下,从事计算机领域的科研和教学工作,直至退休。孙先生治学严谨,务实求真;奋发进取,勇于创新;学识渊博,成果卓著。他在计算机操作系统和分布式系统领域有许多创新性学术成果,取得了辉煌业绩。下面通过我亲身经历和参与的"操作系统项目的研究和开发",及"计算机系操作系统教材和课程建设"为例,来缅怀和追忆先生的学术生涯、高贵品质与人格魅力。

操作系统是计算机的大脑和灵魂。上世纪60年代末70年代初,国内引进的IBM370中大型计算机上,全部使用美国的操作系统,而进口一套这种软件费用昂贵。操作系统的研发不仅可以摆脱国外的技术垄断,也能为国家节省大量资金。孙先生从英国学习和进修操作系统回国后,便开展这个方向的研究工作,成为国内最早研究操作系统的学者和专家之一。1974年,我系接受电子工业部委托,在我国自行设计制造的DJS200系列计算机上开发操作系统,任务艰巨,困难重重,工作量巨大。孙先生有一句至理名言:"要在科学研究中做出成绩,必须要有扎实的专业基础、正确的研究方向和团结的战斗集体。"他是这样说的,也是这样实践的。当年,孙先生把谭耀铭、谢立、费翔林、姜恒远等青年教师组织成一个战斗集体——操作系统科研与教学小组。先生

◇费翔林:南京大学计算机科学与技术系教授。

专业基础深湛、视野开阔、思维缜密，他的新观点、新见解、新思路层出不穷，引人入胜，发人深思，让我们无比佩服、倾慕。先生奖掖后学、提携晚进，他是我们进入计算机操作系统领域的启蒙人和领路人。他亲自讲课和主持讨论班，传播操作系统知识，引领我们进入计算机科学殿堂，让我们打下了扎实的专业基础；而他从英国带回的操作系统和新思想、新技术、新方法及大量宝贵资料，则成为大家研究和开发操作系统的依据，为顺利开展研究项目发挥了决定性作用。孙先生亲力亲为，带头搞科研，呕心沥血制订方案，精心设计总体结构，合理规划功能模块，引入了当时的许多最新技术，顺利地启动和开展操作系统项目的研究工作。众所周知，进行计算机大型项目的研究与开发，靠个人是做不成的，团队在孙先生统帅和指挥下，团结一致、互相帮助，分工协作、齐头并进，群策群力、攻坚克难。由于首台计算机硬件在北京有线电厂生产和运转，先生不辞辛劳，亲自带领我们许多次往返于北京和南京之间，经历了多少艰难曲折，攻克了无数技术难关，渡过了许多不眠之夜。经过5年不懈努力，直到1979年，终于圆满完成任务，国产中大型机上的操作系统DJS200/XT1通过鉴定并交付使用，随后几年在水利、气象、海运等部门得到广泛应用。这项科研成果达到了当时国内新水平，也为我国计算机操作系统的研究和开发奠定了坚实基础，并获得国务院国防工办1980年电子科技成果一等奖。在磁鼓操作系统DJS200/XT1的基础上继续研制和开发了磁盘操作系统DJS200/XT1P，1985年该系统获得电子工业部科技成果二等奖。

在操作系统开发成功的基础上，孙先生深入开展操作系统理论研究工作，从1979年开始，先后在国内外发表了许多篇有分量的操作系统研究论文。同时，在先生的言传身教、鼓励帮助和倾心提携下，教研组成员也陆续在多个刊物上发表与操作系统相关的论文，也都在学术水平上有了很大提升。由孙先生亲自撰写，并为第一作者的研究论文"An Introduction to DJS200/XT1"，于1980年在美国ACM计算机科学年会上宣读，并在ACM Operating Systems Review刊物上发表，在国际上引起很好反响。

与孙先生相处和共事了几十年，他是教研组每个人的益友，更是我们由衷尊敬、仰慕和爱戴的良师，先生"德学双馨"，无论在为人与为学方面，我们都不断获得过他的教诲和鼓励，教研组每位成员都受益匪浅。我本人在学术上的点滴进步与取得的些许成绩，都离不开先生的悉心培养和指导。例如，我在1980年发表的第一篇论文"操作系统DJS200/XTI的内存管理"，由先生在百忙中抽空为我修改和润色；我的第二篇论文"处理器调度的一种策略"是在1981年与先生联合发表的。此后多年，我在国内和国际会议上发表了近百篇科研论文，大部分得到了先生的具体指导。我参与编写的第一本教材《操作系统原理》，由先生给予具体指点。80年代，很少高等院校能开设操作系统课程，我第一次走出校门，被邀请到北京钢铁学院为本科学生开设操作系统课，事先得到了先生的鼓励和支持。

孙先生在科研和教学工作上一贯兢兢业业、踏踏实实；刻苦勤奋、辛勤耕耘；精益求精、不断进取。在他的领导、规划、组织、参与下，我系的操作系统教

孙钟秀（前排左四）和费翔林（后排左五）出席1994年在国防科技大学
召开的高校计算机教学指导委员会会议

材、课程建设和教学改革不断深化,并取得了一系列教改成果。1980 年在人民邮电出版社出版《操作系统原理》,该书系统地介绍了操作系统的基本概念和实现技术,并以 DJS200/XTI 作为操作系统实例,这是我国最早正式出版的本科操作系统教材之一。此后 30 多年,不断跟踪操作系统新概念新技术新方法,结合教学实践及时修订和更新教材内容,由先生领头,谭耀铭、谢立、费翔林等参与编写的《操作系统教程》于 1989 年在高等教育出版社出版,并获 1992 年国家级优秀教材奖。1995 年出版《操作系统教程(第 2 版)》,并获 1997 年江苏省二类优秀课程称号。2003 年出版面向 21 世纪课程教材《操作系统教程(第 3 版)》,入选 2004 年江苏省优秀课程群,获得 2004 年南京大学教学成果一等奖;2008 年出版《操作系统教程(第 4 版)》,该教材是普通高等教育"十一五"国家级规划教材、面向 21 世纪课程教材、2008 年普通高等教育精品教材,以此为主教材的《操作系统原理与实践》课程入选 2010 年国家精品课程。

薪火相传,师道长存。先生为我们铺路搭桥,即使在病重期间也曾为教材与课程建设操心,给出宝贵建议,使得先生的学问和学识得以代代传承和发扬光大。除先生外,学长谭耀铭和谢立对前四版教材都作出了很大贡献,在此基础上现在该教材由费翔林、骆斌修订和编写,已出版至《操作系统教程(第 5 版)》,并入选"十二五"普通高等教育本科国家级规划教材,目前,全国有几十所高等院校在使用。不仅如此,以该教材为核心的课程建设也不断深化:更新教学大纲、配备电子教案、开发动画演示、完善实验环节,革新课堂教学和实验教学的内容、方法和手段,探索加强能力培养的途径,开发数字化网络支撑平台,多方位、立体化推进计算机操作系统课程教学质量的提高,开展操作系统课程的改革探索与实践。

孙先生具有宽厚仁慈、以诚相待、和蔼可亲、平易近人、无私奉献、助人为乐等许多优秀品质。他对青年教师的关怀,不但在科研和教学上,而且在生活和家庭的方方面面,无微不至。这里举两件小事。第一件事,我爱人从外地调入南京不久,那时我家住在迈皋桥华东电子管厂宿舍,当年从南大到我家需要多次转乘公交车,下车后还需徒步走很远的路,尽管如此,先生还是在百忙中抽空亲临寒舍,嘘寒问暖,排忧解难,帮助解决实际问题,让我没有后顾之忧,更好地投入到接手的科研项目中。第二件事,1979年下半年,我岳母过世,当时先生正在美国威斯康星大学做访问学者,获知消息后,他专门从美国发来唁电,进行慰问。先生这样谦虚谨慎,礼贤下士,让我们全家感动万分,至今记忆犹新,永难忘怀。

孙钟秀院士是我国著名计算机科学家,一生追求科学梦想献身科学事业、立志科学报国,为我国计算机事业和南京大学计算机学科建设做出了重大贡献,在计算机学术界影响颇深、盛誉卓著,是现代中国知识分子的典范,是后人的楷模和榜样。先生远去,荣光仍在;斯人已逝,风范永存,先生的高贵品德和治学精神,值得人们学习和传承。先生的神情姿态和音容笑貌将永远活在我们心中。

2015年10月30日

4.8 孙老师，知识分子的楷模

◇金志权

一、孙老师培养我成长

1976年之前微型计算机都是单机系统。1976年美国卡内基梅隆大学把50台LSI 11型微型计算机用局部网络连接在一起，建成了世界上第一个分布式计算机系统。孙钟秀老师以敏锐的目光看到该新领域的发展前途及其广泛的应用前景。他在美国威斯康星大学期间就开始考虑回国后开展该项研制工作的人员组织。分布式系统涉及到计算机之间的硬件连接、数据通信、分布式（多机）操作系统、分布式程序设计语言、分布式算法、分布式数据库等硬件和软件系统。这些都有别于过去的单机系统（一台机器上的操作系统等）。1981年孙老师回国，我从徐家福先生的程序设计语言组抽调到他那儿。从一开始我们听他讲分布式系统的课，到后来参与他的我国第一个分布式系统ZCZ、"七五"国家重点科技攻关项目"分布式数据库系统开发"、国家自然科学基金项目"分布式数据库查询系统"等，我就一直跟随孙老师从事分布式系统的研究和开发工作。

孙老师带领我们研制ZCZ时，在积极培养我们的同时充分发挥每个人的特长和积极性。研制过程中大家团结一致，密切配合，周末都奋战在机房。孙老师还密切关注国外的最新动态，获取最新资料。我深深地感到，是他的远见、才能、组织能力和领导能力，使得ZCZ能够以自提课题、自筹资金的方式抢先填补了我国在此领域的空白。如果当时他从国外回来通过向国家申请项目，获得经费再开展此项工作，那么将会差一年左右的时间。ZCZ系统作为重要成果，孙老师写的"一个分布式微型计算机系统"（即ZCZ系统）文章在我国

◇金志权：南京大学计算机科学与技术系教授。

计算机领域最重要的杂志《计算机学报》1984年的第2期上以第一篇发表。

在已有研究成果的基础上,孙老师继续带领团队在分布式系统的应用、理论等多方面进行了卓有成效的工作,取得了一系列成果,并获得1985年国家科技进步二等奖等奖项,以及国内外许多专家的高度评价。与此同时,为了进一步跟踪和学习国外先进技术,1983年系里派我到美国德克萨斯州奥斯汀大学当访问学者。该校计算机科学系在分布式系统理论、分布式程序设计语言、人工智能等领域具有相当强的实力。由于在国内我参与了ZCZ的研制工作,因此在那里我较快地熟悉了导师A. Silberschatz的研究工作,并在他的一些工作基础上完成了一篇论文,发表在"Proceedings of 1985 Conf. on Information sciences and Systems U.S.A"文集上。接着A. Silberschatz要我继续做进一步的研究工作。

1984年下半年我回国,参与了孙老师和谢立老师的"南京汽车制造厂分布式企业管理系统——NQMIS"的项目。南汽有多个分厂分布在距离不太远的几个地方,企业的大量数据分布在各个部门。平时大量数据只需就地处理,一定时候才进行信息汇总和交换。这类应用相当适合用投资不大的分布式系统。我们从硬件和软件的设计到实现,用了一年时间完成该系统的开发,取得了分布式应用的又一可喜成果。

1986年、1987年孙老师先后获得"七五"国家重点科技攻关项目"分布式数据库系统开发"和国家自然科学基金项目"分布式数据库查询系统"两个项目,并带有博士生和硕士生多名。他要求我协助进行分布式数据库系统的研发工作。当时他带领的团队中的一支已进行ZGL2分布式系统的研制。ZGL2系统是一个基于异种网、异种微型机和异种操作系统的分布式系统。"分布式数据库查询系统"项目是在ZGL2这个支撑环境下,研制异构型分布式数据库系统,取名LSZ系统(李时珍拼音的首字母)。这表示,在ZGL2异构环境中,LSZ系统将在多个不同的已有数据库管理系统基础上实现异构型分布式数据库管理系统,并进行分布式查询处理及算法的研究。这是一项很有挑战性的任务,有不少关键技术需要解决。在整个研制过程中我们群策群力,素质良好的研究生们不仅出色地完成了任务,而且他们富有创造性的实现使我受益匪浅。围绕LSZ系统我们发表了一系列有质量的文章,其中博士生柳诚飞和孙老师等的论文"Query Optimization Strategies in Heterogeneous Distributed Database System LSZ"在美国举行的1988 ISMM International Conference MINI and Microcomputers会议上报告,并收录在全俄科技情报研究所的文摘杂志:《自动装置和计算技术》中;论文"LSZ:一个异构型分布式数据库系统"获得第三届全国分布式计算系统会议的优秀论文奖,并刊登在一级学报《计算机研究与发展》1989第10期的第一篇。论文审稿者评审说:"稿件的学术水平在国内是先进的,某些部分属国际水平。""在如何处理全局查询和局部查询的关系,在数据语言翻译等方面有一定创见。"

孙老师通过国家科研项目来培养我们和研究生,通过项目来锻炼我们,使得我们较快成长。当时年轻的研究生们后来大多数在国外工作,如周晓方在澳洲昆士兰大学,他在数据库领域有一定知名度;柳诚飞在澳洲Swinburne大学;绳程弟在美国全球最大的数据库公司Oracle。

孙老师高瞻远瞩的大将领导能力令人敬佩,这在他指挥我们完成"七五"国家重点科技攻关项目"分布式数据库系统开发"中充分体现出来。在他胸有成竹地申请并获得上述两个相当有分量的分布式数据库系统的项目后,孙老师首先调度主要人员在两年不到的时间重点攻破国家自然科学基金项目;同时派少数人为"七五"项目做准备。一旦基金项目取得成果,他马上把有关成果用于"七五"项目,并组织新、老人马全力攻克该项目。"七五"项目当时由三个单位(清华大学、南京大学、重庆大学)各自承担研发工作。我们研发的是"分布式数据库管理系统Unify*"。1990年1月我们的"分布式数据库管理系统Unify*"首先通过鉴定。鉴定中指出:"……Unify*完成和部分超过了'七五'国家重点科技攻关项目'67—2—21'专题子合同规定的研制任务……在查询优化策略和DDBMS的并行性方面具有创见性,达到国际先进水平……"由于我们在三个单位中完成得最好,我们获得了"七五"科技攻关中做出突出成绩的荣誉。

二、威望、才能和人品

孙老师的才能和人品获得到了计算机学术界的普遍尊敬。在上面的介绍中大家可以看到孙老师的才能。实际上,孙老师从英国回来以后,全国很多单位不断请他去讲学、讲课、作报告。这在他的夫人叶老师和其他人的回忆中都有介绍,这里就不重复了。总之,在大家的心目中他是权威。他不仅业务水平高,而且组织指挥能力强。还在孙老师担任计算机系主任时,他的研究生李西宁就说,孙老师当校长很合适。固然,不久孙老师就当了副校长。

同样孙老师很有眼力。他知道选派什么人做什么事最合适,最能发挥这个人的特长和积极性。例如,他派擅长硬件的杨培根老师负责分布式系统的硬件连接和通信,并希望杨培根老师在孙老师从美国回来之前先做这方面的准备。他选柳诚飞博士生和周晓方硕士生参与分布式数据库系统项目。因为柳诚飞的数据库基础好,周晓方的能力强。记得在一次全国分布式数据库系统会议期间,他看到他的研究生周晓方在会议上报告 LSZ 系统获得大家的好评,并且在会议中他也十分活跃。孙老师当时笑着对我说:"金志权,你看,周晓方以后会超过你。"那时周晓方已留校,后来他出国我推荐,周晓方在昆士兰大学干得的确不错。

孙老师的才能也表现在他的高水平英语上,他的流利英语被人称赞。改革开放初期,学校里业务好英语也好的教师很少。记得有一次外国专家来我系讲学,请孙老师当翻译。后来专家还要到南京工学院(现在的东南大学)讲学,因为孙老师英语好,他们一定要孙老师去当翻译。同样由于孙老师的威望和高水平英语,1987 年在北京举行的 ICCA 87 分布式国际会议他被推选担任主席。

孙老师不仅有才能,而且人品也好。他身为学校副校长,学术上也是权威,但孙老师很谦虚,没有官架子,没有高高在上的样子。我曾听叶老师说过,孙老师常常忙到在家里吃饭时也有人在等他。但是,有时候有关业务学术上的事要我做时,孙老师会到我家来具体交代事情(那时我们住在南秀村)。他不像一般领导打一个电话叫我去领取任务。这使我很受感动。

孙老师的高尚品德还表现在他不计较个人名利,也常为年轻人着想。现在回想当时我协助孙老师进行分布式数据库系统的研究和开发,当研发工作取得一系列成果时,我没有摆正好位置,在发表文章时,不少文章我把自己放在第一位,而没有把孙老师放在第一位。按理说,分布式数据库系统的两个项目都是孙老师的,并且参加项目的博士生和硕士生都是他的。我只是协助孙老师带领课题组成员进行研发,最终主要成果完全应属于孙老师。但是当时我没有认识到这一点。当我把文章给孙老师看时,他没有提出任何异议,后来也没有通过任何人提示我,而且以后也一直很器重我。

总之,在我系,在计算机的各种学术会议上,我接触到的一些同行们,我都感受到他们对孙老师的敬重,无论是年长的,还是年轻的,学术水平高的,还是一般的。我想除了孙老师的才能和人品外,还与他的仪表和风度也有一定关系。

4.9 怀念导师、兄长孙钟秀先生

◇杨培根

1962年2月，我与方关荣同学自浙江大学无线电系自动学远动学专业学习结束，返回南京大学，去校人事处报到，孟克处长接待了我们，得知被分配到数学系，将搞计算机方面的工作。当时既感到高兴又感到茫然，高兴的是比同届同学早了半年有了工作，茫然的是不知今后将如何做好所分配的工作。到系里报到后才知道被分配在数理逻辑教研室。记得当年我们首次参加教研室全体会议，室主任孙钟秀老师为我们介绍了教研室的成员及教学科研概况，承担的主要教学任务是"数理逻辑"课程，研究方向是计算机的逻辑设计。初见孙先生，原来也是一位年轻人，讲话简洁，平易近人。看看教研室的前辈，除了莫绍揆先生年长外，其他也都是年轻人，如徐洁磐、徐永森、谭耀铭、骆光武、江邦人等，他们原来也非计算机专业出身，但在教学科研上已有进展，看来今后只有自己努力向他们学习是近期的最主要任务。不久，室里安排我们新来的同事听孙钟秀老师讲授的"数理逻辑"课程，孙老师还亲自为我们批改作业。记得一次做"真假与非"命题演算的作业题时，我一时怎么也做不出最终结果是"真"还是"假"，请教孙老师，他仔细解答，解说为什么是这样的结果，使我体会到，世界上的一切事情，如果严格按照某种规则行动，则必然会得到某种结果。这也许是当今计算机如此神奇"万能"，可以做出各种各样人们想做的事情，大概就是在计算机中编写了各种按规则运行的程序步骤，按此执行的结果吧！从此开始我对计算机软件感到了兴趣。

在我参加工作的第一年里，孙先生安排我上半年的主要任务是学习：听"数理逻辑"课和学外语；下半年，室里派我去当天文系卢央老师讲授的"天文电技术"课程的助教，编写有关电技术方面的教材，并带实验课。通过教学实

◇杨培根：南京大学计算机科学与技术系教授。

践增长了不少知识,使我初步了解了高校教师的教学活动。这是孙先生对我的培养与锻炼。

1963年因系里调试国内高校首台电子计算机的需要,我被调到"计算技术"教研室,开始从事计算机硬件方面的工作,之后经过十年动乱,直到1980年代初才又与孙先生共事。

1979年初,中美建立外交关系后不久,美国威斯康星大学邀请南京大学派教师赴美做访问学者,钟秀老师为其中之一,从事有关分布式计算方面的研究工作。当时计算机科学系从数学系分出不久,叶南薰教授任系主任,系里决定开始着手组建分布式系统实验室,购买微型计算机等研究设备。1981年1月孙钟秀先生提前半年返校开展分布式系统的研究工作。先生回国不久,我跟随他调研国内有关分布式计算的研究状况,先后访问了北京清华大学、华北

1980年代初,孙老师(中)和我(右一)、徐希豪(左一)在一起研究工作

计算所、武汉华中工学院、长沙国防科大等院校，了解有关单位的研究近况，以及构建分布式计算系统所需的设备条件。访问过程中，钟秀老师虚心请教，相互交流学习，并将自己在美国威斯康星大学期间的研究状况告知对方，同时也获得国内各单位同行对分布式计算研究的关键问题的看法。这次随访，使我印象深刻，受益匪浅，学到了一些做人、做事、求知的方法。

1981年春天访问结束返校后，孙钟秀老师立即组织人员，申请课题经费，组建研究实验环境，购置RT-11微型计算机等设备，此后的几年内，先后研制成功"ZCZ"、"ZH"、"分布式单板机系统"以及基于这些分布式计算系统的多个应用系统。在此过程中，导师钟秀非常注意培养我们这些年青人，许多次召集我们到他家讨论课题研究方案与软件开发重点关键，出现困难与问题时，一起讨论解决办法，集思广益，获得了很好的效果。

在组织每个项目的研究团队时，除了研究生外，充分发挥我们年青教师的积极性。在1982年他主持完成我国首个分布式计算系统"ZCZ"之后，1983年指定我为ZH系统——分布式单板机系统的课题负责人，谢立为"南京市政府局域网络系统"的课题负责人，金志权为"南汽分布式企业管理系统"课题负责人，有意识地培养、锻炼我们这些年青人在研究项目中学习成长。这些项目在立项、制定方案、具体实施中遇到困难时，孙老师都进行指导。项目完成后，他不将这些成果看作个人领导的成绩而是看作整个研究团队共同的成果。反映在孙老师带的研究生毕业论文指导教师署名上，例如盛蓝的毕业论文就将我列为指导教师之一，虽然当时我是讲师，尚未有带硕士研究生的资格。

导师钟秀不仅在事业上培养学生，在生活上也很关心我们。1985年，我赴美国接机、培训期间，孙老师每个月送工资到我家，并看望我家中老母及两个孩子，嘘寒问暖，真如一位兄长，使我十分感激，暗自下决心，今后一定尽力好好工作，报答恩师的关怀。如今想到这里，老师您却已过早地离开了我们，不能更多地获得您的教诲，但我将永远怀念您！

4.10　干了就得尽心尽责
——忆孙钟秀副校长分管外事及台港澳工作
◇黄士星

　　上世纪80年代末至90年代初期,孙钟秀院士任南京大学副校长,分管学校的外事(即国际交流)及台港澳工作。本人在其直接领导下从事具体工作。孙副校长年长我六岁,在我的感受中,他既是领导,又是兄长。他具有讲政治、遵政策、守纪律的鲜明立场和勇于担当的负责精神。他常告诫我们:"外事及台港澳工作是政治性、政策性很强的工作。决策要慎重稳妥,具体实施要细致周密,且注意与各方面的配合。"他处事冷静稳健、严肃认真、不苟言笑,但心地敦厚、平易近人、待下亲切、议事坦诚。记得在他分管我们的初期的一次个别讨论工作时,他曾诚恳而谦虚地对我说:"老黄,我是不太喜欢做行政工作的,现在组织上叫干就得服从,而且干了就得尽心尽责。你是老外事干部了,希望你和外办的同志们多支持我的工作。"这番语重心长的交谈至今令我难以忘怀,始终激励着我做人做事。

　　是的,"干了就得尽心尽责",孙副校长是这样说的,也是这样做的,而且做得很出色。

　　记得那几年,学校正努力向国际化的方向开拓前进。学校党委和行政每年都对国际交流及台港澳工作提出新的目标和要求。孙副校长率领外办、台港澳办及相关部门均坚定不移地予以贯彻落实。在几年内使学校的国际交流及台港澳工作有了长足的发展,显现出一个生机勃勃的新局面。

　　1989年后,孙副校长以一个学者的严谨科学态度首先抓国际交流及台港澳工作的规章制度建设。他亲自组织领导,由外办、台港澳办、留学生部、研究生院、科技处、人事处等相关部门共同参与,在一年多的时间内就修订、完善、

◇黄士星:南京大学原外事办公室主任兼台港澳办主任。

新订了11项规章制度。这不仅促进了学校的制度建设,更切实保证了国际交流及台港澳工作更加规范、健康地开展。

面对那些年学校办学经费较紧张的局面,孙副校长指引外办及台港澳办抓住机遇,积极稳妥地做工作,实现了日本笹川良—奖学金和台湾光华奖学金在我校的设立。同时,还争取到一些海外友人的资金捐助。

孙副校长十分重视我校同国外学校的校际合作与交流。他多次强调说:"校际交流是最稳妥、实在的交流,是以协议为法律基础的交流,是对口性强、操作性强的交流,应多向这方面拓展。"在他分管这方面工作期间,实现了我校同国外学校新签、续签校际交流协议达8项。更难能可贵的是,在1989年5月那段不平凡的日子里,他不惧风险,亲赴加拿大,同多伦多大学签署了两校交流协议。

孙副校长政治观念和政策意识强,注重在服从国家外交大局和维护祖国和平统一的前提下,通过大力接待好外国驻华使领馆官员和做好台港澳访问团工作,来提升我校的对外影响力和国际知名度。在他分管期间,我校先后接

1992年孙钟秀(左四)、黄士星(右三)等校系领导祝贺我校中德经济法研究所德方所长施图肯(左三)荣获国家外国专家局颁发的国家友谊奖章

待了美国、前苏联等十多个国家的使领馆官员达26批之多。其中一次西欧驻华使团达23人。为了提升接待效果,本着有理、有利、有节的原则,除他本人直接出面做友好工作外,对一些比较重要的来访者和团队,他请曲钦岳校长亲自出面接待做友好工作。他还请德高望重的匡亚明老校长亲自出面接待了首批台湾精英访问团即以李庆华为团长的台湾展望基金会学者访问团一行33人。他还会同陆渝蓉、曲钦岳、韩星臣等校领导,精心筹备、实施了对香港邵逸夫先生一行的接待工作。

孙副校长经常提醒我们,要注意总结外事和台港澳工作中的经验教训,不断出新思路、新办法。如对我校聘请外国专家工作(又称引进国外智力工作),他就有深层次的思考。他认为,我校是聘用外国专家较早的院校之一,在这方面应该有创见、出效益、出经验。在其大力倡导和推动下,学校外办会同科研处、外语系,于1990年分别对在校的长期外国语言专家和60名短期讲学专家进行了聘用效益评估并首次设立"外籍专家教学质量优秀奖"。经过评估,11名长期外国语言专家和12名短期讲学专家获奖。与此同时,他又会同外办、科研处及外语系,拟订了"优化引智(即聘专)环境(含生活、教学、科研等方面);完善引智规章;把好引智质量;提高引智效益"的聘请外国专家方针。他还积极发扬我校领导亲自与外国专家交朋友的优良传统,多次参加外国专家座谈会或同一些专家个别交流,征求他们对生活、教学等方面的意见。这些创见和举措引起了国家外国专家局的极大关注,局领导亲自来我校调研考察,《中国引进报》的记者亲临我校采访并作了报道。这一切,为我校1994年被国家外专局评为"全国引进国外智力先进单位"打下了坚实的基础。

作为学者,孙副校长对我校参与国际学术活动十分敏锐。他认为,由我校举办国际学术会议和积极派员出国参加国际学术会议,是展示我校乃至我国科研能力、学术水平、扩大我校学术影响的上佳方式。他主张,不论是自行举办还是派员出国参加国际学术会议,均应老、中、青学者相配合,这既利于展示学术实力又利于梯队人才培养。在他任副校长期间,我校先后举办了9个国际学术会议,派出260人次出国参加国际学术会议,其学术领域涉及20余个学科,实令人赞叹。同时,这对曲钦岳校长倡导的大力提高我校在国际学术榜的地位也起到了良好的促进作用。

除了对外事及台港澳工作的诸多方面倾注了他的大量心血并取得了令人瞩目的成效之外,孙副校长对职能部门的内部管理和队伍建设也倍加关心和给力。他对部门工作既严格要求,又大胆放手。他每每对我们负责人说:"工作你们做,'关'你们把,字我负责签,有困难我协调。但外事无小事,一定要按政策遵规守纪地做。要加强向主管机关的请示汇报,以取得指导和支持。"他还常教诲我们说:"你们部门负责人在工作中要身体力行做表率,要关心每个工作人员的进步和提高,注意发挥好团队的合力。"对部门工作人员的偶尔失误,他从无声色俱厉的指责批评,而是施以分析和教导,让工作人员因自愧而改进、由自悟而心情舒畅地更好工作。在他分管期间,外办和台港澳办始终保持着团结向上的氛围,发扬着和谐融洽的优良风尚。

孙副校长留给我们的闪光记忆远不止上述这些。因时光流逝和本人记忆能力趋弱,加之一些历史材料不全,本文难免挂一漏万。但令我永远不能忘怀的是:孙副校长、我的老大哥既是一位专业精深的大学者,又是一位勇于担当、居高务实、善于统筹、律己宽人、既能宏观指导又能微观力行的好领导。我为自己能在他直接领导下工作过而感到幸运。

斯人已去,功业照汗青,懿行励后人。适逢孙副校长钟秀兄八十诞辰,谨以此文聊作缅怀。

4.11 亦父亦师,亦兄亦友
——缅怀恩师孙钟秀先生
◇李西宁

初识先生,我尚是一名"工农兵学员"。

其时"文化大革命"方兴未艾,政治运动接踵不断。知识分子被打作"臭老九",生怕说错一句话,人人战战兢兢,谨小慎微。而作为"文革"的怪胎"工农兵学员",自以为肩负着"上大学,管大学,改造大学"的历史重任,个个趾高气昂,盛气凌人。民间流传着一首顺口溜:"大学的招牌,中学的教材,小学的水平,幼儿园的脾气。"指的就是"工农兵学员"。吾辈文化水平之低劣,可见一斑。

然而,先生和系里老师们并未鄙视我们的无知与浅薄,而是秉承了先贤的教化理念,有教无类,以诚相待。老师们因材施教,从基础开始,逐步深入,把我们带入陌生且新奇的计算机世界。记得在课堂里,莫绍揆先生为我们讲授高等数学,徐家福先生讲授算法语言,孙钟秀先生讲授操作系统,张福炎先生讲授计算机原理……按照如今的说法,我们的授课老师都是国内计算机领域里顶呱呱的牛人。当然,在这些牛人中,我印象最深的是先生的课。枯燥的理论概念,先生讲得深入浅出;复杂的体系结构,被先生删繁就简,将一门课讲得生动翔实,趣味盎然。也正是因为这门课,我喜欢上了操作系统,并如愿以偿地走进了先生的团队。

在DJS200系列机的设计小组里,我在先生的指导下研习"容错处理"。虽然我初入门径,学识浅显,先生依旧予以鼓励,提携后进,带我参加了全国第一届软件会议,并让我作为学生代表,在会议上做学术发言。

一转眼,我毕业留校。本想继续追随先生,潜心搞科研、做学问,岂料系总

◇李西宁:加拿大圭尔夫(Guelph)大学计算机系教授。

支要我改行,专职做学生工作。情非得已,我不得不脱离了先生的团队,在政治的漩涡里迷失了两年。多亏了先生的老泰山——叶南薰老先生,在我彷徨之际,为我指点迷津,使我倦鸟知返。1980年,我幸运地考上先生的首届研究生,从而荣获师门大师兄之美誉。

重入师门,正值先生从美国访问归来。当国内尚不知网络为何物的时候,先生业已高瞻远瞩,独领风骚,创建了全国第一所分布式系统实验室。在先生的悉心指导下,我们日以继夜地工作,利用有限的资源,建立了实验室局域网,编写了通信软件及分布式程序设计语言,设计了多媒体界面,实现了国内第一个分布式系统,并且开始了从实验到应用的转化工作。

人谓为师者,传道授业解惑也。而先生于我,不仅为师,言传身教,倾囊相授,而且为友,关怀有加,视若家人。在读研的日子里,我几乎把先生的家门当作自己的家门,把先生的客厅当作自己的课堂。每每到先生家,师母为我们沏茶倒水,嘘寒问暖,先生为我们答疑解惑,不厌其烦。编制算法时,先生和我们逐行论证,不容苟且。撰写论文时,先生和我们逐句推敲,但求严谨。先生看似不苟言笑,不言自威,可与先生长期相处,方知何为春风化雨,何为平易近人。

两年的研究生生涯一晃而过,在先生的指导培育下,我终于摘掉了"工农兵学员"的帽子,成为计算机系的首批硕士毕业生。不久后,我们的科研成果获得国家科技进步奖二等奖,先生与我合作的论文也发表在IEEE计算机工程的期刊上。

那时正值改革开放,学子们纷纷走出国门,远赴重洋,以求深造。我生性好动,很想出去闯一闯,看看外面的花花世界。先生得知,鼎力相助,为我推荐名师名校,并为我争取到出国进修的名额。哪知这一走,风风雨雨,阴错阳差,居然十年未归。尽管在这十年里,我与先生时有书信来往,先生也曾几度出国访问,可我与先生却一直无缘相见。

1994年,我重返母校,重睹先生的音容笑貌,兴奋之余,但觉心酸,繁重的工作压迫下,先生愈发清减了。后来这些年,我隔三岔五地归国开会、讲学。

每次到南京，必当看望先生和师母。或在饭店，或在家中，先生与我把酒言欢，师母为我添饭夹菜，其意浓浓，其乐融融。一直到最后一次，我独自去了医院，先生静卧在床上，师母冒雨赶来，看到我，哽咽无语，泪流满面……

我事先生，亦父亦师。先生待我，亦兄亦友。

我对先生的感激之情无以言表，唯一能做的，就是将先生传授于我的知识化作文字。在我编写的《分布式系统》一书中，不顾出版商的反对，我在扉页上写了这样一段话："谨以此书献给我的导师，中国科学院院士、南京大学计算机系教授孙钟秀先生。感谢先生将我引入科学研究之路。"

4.12 怀念孙钟秀老师

◇张　渡　卢美律

　　我俩是因为孙老师相识、相知,而后走到一起的。1—2是张渡的回忆,3—4是卢美律的回忆。

1

　　我和李西宁是孙老师的第一批硕士研究生。在动乱刚结束,百废待兴的时代,中国计算机科学领域和国际前沿发展相比,差距甚大。孙老师以他敏锐的洞察力和经验,果断地选择了分布式操作系统研发作为我们的研究课题。为了唤起重新振兴中华的努力,系统取名为"祖冲之",拼音缩写为ZCZ。当时国内科技资料匮乏,为了要了解一些具体信息,我还去信MIT的Barbara Liskov教授,向她要了几篇她当时发表的文章。我们时常到孙老师高楼门的家里讨论。在孙老师的指导下,我们取得了不少成果。在1980年代到访南大的许多国外专家,如C.A.R. Hoare(Oxford University)、Niklaus Wirth(ETH)、David Gries(Cornell University)、Gio Wiederhold(Stanford University)、Cliff Jones(University of Manchester)、Lawrence Landweber(University of Wisconsin, Madison)、Ralph Finkel(Universityof Wisconsin, Madison)、Jerome Cox(Washington University at St. Louise)、Jerre Noe(University of Washington at Seattle)、Brian Unger(University of Calgary)、Harvey Garner(University of Pennsylvania)、Oscar Garcia(Universityof South Florida)及R. J. Robinson(SUNY at Albany)都参观了ZCZ系统。在他们的眼里,ZCZ系统代表一个新时代开始的重要音符。

◇张渡、卢美律:美国加州州立大学(California State University, Sacramento)计算机系教授。

2

孙老师不仅做学问严谨,待人亦细致入微。他关心每一个学生的成长。1970年代末1980年代初几乎每一个国外计算机科学领域专家到访南大,都是孙老师和我做讲座的英文翻译。他经常教我们一些英语用词的技巧,成语,特别是动词与前置词在口语中的组合,至今印象犹深。

3

我是南京大学计算数学专业的毕业生。虽然我在南大学习期间并没有机会听过孙老师的课,但是孙老师温文尔雅的学者风范给我留下了深刻印象。曾记得那时候经常可以看到孙老师身着中山装骑着自行车从教学大楼前飞驰而过的矫健身影。毕业后由于工作需要,我向孙老师提出了回母校在孙老师指导下进修一段时间计算机操作系统的要求。我知道孙老师当时承担着学术、行政、教学许多责任,很担心自己的请求是不是有些"过分"。谁知道孙老师很爽快地答应了,并为我列了阅读书目和学习计划。孙老师还经常利用他的休息时间为我回答问题,鼓励我去旁听计算机专业的有关课程和教师英语进修班。从孙老师那儿,我深刻领会到了什么是"诲人不倦"以及如何"为人师表"。孙老师还介绍我认识了知识渊博且风趣的郑国梁老师,从郑老师那里我也学到了很多做人做事做学问的道理。

4

80年代期间,我在美国伊里诺伊大学攻读计算机科学的博士学位,正巧孙老师也到威斯康星大学麦迪森分校当访问学者。孙老师热情地邀请我去麦迪森访问,并告诉我计算数学专业的沈祖和老师当时也在同一学校当访问学者,来了可以一下子见着俩。孙老师还帮我联系了当地的留学生为我找到一个"铺位"。到了麦迪森后,与两位老师欢聚一堂的情景至今仍记忆犹新。在白雪皑皑的麦迪森校园里,孙老师一脚深一脚浅地带领着我前往沈老师住所拜访。交谈中孙老师讲了一件刚刚发生的事情。孙老师在仔细阅读了他在麦迪森分校的指导教授的一篇论文后,发现了一处错误并在与这位教授的一次会面中亲自指出。在此事之前,这位知名教授对待孙老师的态度可谓"客客气气"。但是在此事之后,态度大为改变,对孙老师的学术意见变得极为尊重。孙老师做学问的严谨态度永远是我们学习的榜样。

结　语

最后一次见到孙老师是在 2005 年。我们一道去南京拜访孙老师。孙老师还是那么平易近人、和蔼可亲。他当时已行走不方便了,还坚持要请我们出去吃饭。

有趣的是,若干年后,孙老师的女儿成为我们的学生,在我们执教的学校,加州州立大学,获得计算机科学硕士学位。孙老师的女婿也是我们的学生。孙老师培养了我们,我们又培养了孙老师的女儿,真可谓"薪薪之火,代代相传"。

4.13 钟秀待我如亲人 感恩之情似海深

◇谢冬生

在纪念孙钟秀院士八十诞辰之际，许多往事涌进脑海。他一生身兼数职，身居高位，却一贯平易近人，乐于助人，追忆他对我的关心帮助，以抒发自己对敬爱的孙院士的思念和感恩深情。

我在南大计算机系工作32年，始终得到孙老师的关心培养和照顾。1977年12月成立南京大学计算机科学系，我担任教务员工作。创系之初，教务、教材由我一人管理，工作量大面广。当孙老师得知我每月工资才24元，看见我穿着十分朴素，他来到系办公室与我聊天，嘘寒问暖，问我生活有什么困难。初识孙老师，我心中顿觉温暖心头，那年孙老师是教研室主任，每学期安排教师上课，都要到办公室来安排教学任务书，然后由我来排定课表。慢慢地我逐步了解了孙老师，好多年来，孙老师只要来系有空就到我办公室坐坐，关心我工作的情况，我们在一起抽抽香烟，喝点茶，聊聊天，像老朋友一样，从此我与孙老师结了缘。从上世纪80年代初开始，孙老师就一直关心我的进步成长。

1986年寒假后，我们系在准备南大计算机软件新技术国家重点实验室申请论证，根据工作的需要，选聘一位办公室副主任。系主任孙老师在系党政办公会议上提议，聘任我为系办公室副主任，系办公会议通过后，孙老师多次去学校申请，经过学校人事处的批准，1986年5月我被孙钟秀主任正式聘任为系办公室副主任，从此以后，我直接在孙老师的领导下工作。当年我的工作重点是：在重点实验室论证之前对北大楼内部进行全面改建，对多年失修的电路全面改造。按照"重实论证"的要求，在那计划经济年代，此项工作尤为艰巨。我放弃了节假日和暑假的全部休息时间，全身心投入工作之中，与学校总务处、校长办公室和南京供电局等单位联系。孙老师每周都找我问工作进展的情

◇谢冬生：南京大学原计算机科学与技术系办公室主任。

况,并帮助我出点子想办法,通过各方面人员的大力支持,1986年9月北大楼内部改造终于完成了。

1986年底在国家教育部、科技部的组织领导下,全国计算机软件、硬件一流专家齐聚南京大学,对南大计算机软件新技术国家重点实验室的申请进行论证。论证会地点在南大中美文化交流中心宾馆和南大北大楼两处。徐家福先生是论证会总负责人,孙钟秀老师是论证会行政总管,我是他的下属,负责后勤保障和会务工作,确保专家吃、住、行和机房的条件,安排会议用车,确保北大楼用电安全。论证会四天,会务组工作十分繁忙,那年代为了一张飞机票、火车票都得到处想法求人才能解决。孙老师的客房在我会务组的对面,孙老师要求我必须保证对每位专家的吃、住、行服务绝对到位,并保证每位专家满意,遇工作大难题找他汇报,并尽力尽快解决问题。陈世福、刘晓丽两位系领导负责会场安排等,他们也在第一线辛苦工作。我和孙老师在中美中心每天从早忙到深夜,孙老师同时还要参加专家会议,更是辛苦。通过大家的共同努力,我在孙老师的领导下,完成了论证会的会务工作,为论证会提供了有力的后勤保障,会议的成功召开得到了全国专家和学校领导的一致好评。比较南大兄弟院系论证会,我们是最成功的。

由于我为"论证会"前后的工作付出了辛勤劳动,孙老师为我晋升系办公室主任职务进行申报工作。我不知道情况。一天,人事秘书找我在申请表上签名。我看着表上孙钟秀系主任的推荐意见和签名,既高兴,又感动:我才干副主任九个月,何德何能得到孙老师这么快的提拔重用?我高兴有孙老师这位好领导,我感动敬重的大教授孙钟秀系主任在我不知情的情况下这么快又提拔我。1987年2月正式聘任我为办公室主任。从此以后我更加努力工作,全心全意为教学科研工作服务,一心一意为全系师生员工服务,并竭尽全力干好本职工作。

孙钟秀教授联系群众,知人善任,调动一切积极性,且有人文关怀的精神。1986年2月因重点实验室论证的需要,我们办公室工作人员全部搬迁至北平房办公,当孙钟秀主任出差回到系办公室后,发现我们办公室工作人员全部在朝北房间办公时,他立马找到主管副系主任说:"办公室人员整天坐班十分辛苦,办公室是对外窗口,工作人员应该在朝南房间办公。"我们第二天全部搬至朝南房间办公了,在那倒春寒的日子,我们享受着孙老师送来的温暖。

我在南大计算机系从教务员做起晋升到为副处级管理干部,孙老师一直关心和帮助我。1994年根据学校有关通知的要求,我在申报副处级干部的关键时刻,到孙老师家,请他为我写份推荐信,孙老师热情地接待我,听我简单的情况介绍后,马上停下手头的工作,为我写推荐信,他在推荐信中写道:"谢冬生同志担任办公室主任8年,他全心全意为教学科研工作服务,成绩突出……我对谢冬生同志比较了解,从他的一贯表现和今后工作的需要,我无保留地推荐谢冬生同志为副处级干部人选。"看到这份推荐信,我万分感激。我至今都珍藏着1994年1月23日孙钟秀老师为我写的推荐信的复印件,见字如见人,字字行行,充满着孙老师对我的关爱之情,有时看看《推荐信》,我都会感慨万千。

2010年寒假的一天,我陪李宣东主任等系领导去南秀村院士楼看望孙钟秀院士。当我们在孙宅客厅坐定后,在系领导慰问孙老师的过程中,孙老师叫我坐在他身边,他关切地问我:"冬生,听说你今年9月份就退休了,在退休前你有什么想法,你尽管说,我会找南大领导帮你解决。"我说:"孙老师,谢谢你关心我,我没什么想法,你我是好朋友关系,我9月份退休后,我们保持往来关系,只要你找我,一个电话,我一定继续为你服务。"孙老师夫妇依依不舍我退休。回忆起那天的情景,至今我都感动不已。

孙钟秀院士忠于党的教育事业,热爱高等教育工作,他宁静致远,厚德载物。记得法国著名作家巴尔扎克说过:"真有才能的人总是善良的、坦白的、爽直的、绝不矜持,他们尊重每个人。"孙老师是我的良师益友,对我关爱有加。他助人为乐、为人师表、知人善任,他为中国计算机学科的事业,为南京大学的事业发展,为我们系的发展和建设作出了重要贡献。

我在南大计算机系工作了三十多年,得到了众多老同志的关心和帮助,特别得到了孙钟秀院士的关心培养和帮助,没有孙老师的关心帮助,就没有我后来的发展机会。钟秀待我如亲人,感恩之情深似海,这是我的心声!

2015年12月12日

4.14　心底无私天地宽　为人做事是典范

◇谢冬生

连日来我沉浸在对敬爱的孙钟秀院士的追忆中,仔细阅读了叶蓉华老师带来的文字材料,认真看了众多老同志的回忆文章,让我感慨万千,让我更进一步地了解了孙钟秀院士高尚的人格魅力。我们纪念孙钟秀院士,我们敬仰孙钟秀院士,就是要向他学习。他为人师表,教书育人,具有人文关怀的伟大精神;他严谨治学的风范,求真务实的优秀品质是南京大学教职工的精神财富。

2013年5月18日上午8:30孙钟秀院士不幸在江苏省人民医院逝世。孙钟秀夫人叶蓉华老师第一时间打电话给我,告诉我钟秀已离开了我们。听完电话后,我先坐在沙发上发呆了二十几秒钟,不知所措,感觉像自己的亲人突然走了。冷静下来,赶紧电话告知徐永森、谭耀铭两位老师。我们迅速赶往医院,开始了五天的丧事办理。这五天的丧事,我是治丧小组主要成员。告别仪式的规模是隆重的、规格是高的。孙钟秀院士去世的消息惊动了习近平总书记、李克强总理等党和国家领导人,惊动了全国政协、中央组织部、教育部、科技部、江苏省委、省政府、省政协、省科委科协、省教育厅、南京大学和各兄弟院校等单位及部门。上述党和国家领导人和众多单位都发来了唁电唁函,送了花圈,并对亲属表示亲切的慰问。

孙钟秀先生是南大教学、科研工作真正的精英。他的高贵品质最宝贵之处是甘为人梯、忘我工作的精神和淡泊名利,他与任何人相处都是十分和睦。我与他相处三十多年,从没发现他发过脾气。在书中你可以看到他的照片,中年时期学者的风度,老年生病后瘦了许多。他的工作量太大了,他承担的担子太重了,他太苦太累了。他身兼数职,身居高位却认真踏实地做好每项工作;

◇谢冬生:南京大学原计算机系办公室主任。

作为学术带头人,他培养了许多优秀的硕、博士研究生。社会兼职再多,他仍然为我们系本科学生上课、组织和参加每周的教研室课题研讨会。他总是在做好传、帮、带工作。他十分关心帮助每位熟悉的同事、朋友。他乐于助人,克己奉公,这些优秀品质常人难以做到。因此,我说向孙钟秀院士学习,就要学习他的做人,只有人做好了,才能做事。

人人都在人生中。人生好几十年,每个人到老了都会是一本"教科书"。这本纪念孙钟秀先生诞辰八十周年的书是本好的"教科书"。我记得有位名人说过:从事科学工作的人,学术到一定高的境界就成为了哲学科学家。如大科学家钱学森先生、钱伟长先生、李四光先生等老一辈科学家就是哲学科学家,他们为了中华民族的振兴,为了国家的科教事业奋斗了一生,他们的思想和境界是中华民族文化历史的一部分,值得后来者传承。

我们敬爱的孙钟秀先生的思想境界和高尚品质是南京大学建设世界一流大学和建设一流学科所需要的宝贵财富。我们都曾在孙先生领导下工作,我们得到孙老师的关心帮助,工作取得了一点成绩,这是由于孙老师无私奉献的精神感染着我们,是他凝聚的力量成就了好多人。我们南大计算机系是团结的集体,是十分和谐的大家庭,我们每个人都在享受这个大家庭的温暖和温馨。孙钟秀先生心底无私天地宽,为人做事是典范,他永远是我们学习的榜样。

我们大家都深深地缅怀孙钟秀院士,他的高尚品质感动着你和我。他的思想源于书香门第正统的传统教育。他与时俱进,紧跟时代发展步伐。他做事总是亲力亲为,工作非常繁忙,却一个秘书都没有,他的夫人叶蓉华老师为他做了很多。孙钟秀先生的一生严以律己,谋事实,创业实,做人更实。

孙钟秀先生是全国政协第七、八、九、十届委员,同时担任江苏省科协主席两届之久。他任国家"863"专家组成员九年,担任过南大副校长。作为全国政协委员的他要参政议政。在南大范围内荣任全政协委员四届的可能不多。他的工作量我们都难以想象。听他夫人说:孙钟秀先生身兼数职二十多年,一年到头只有大年三十晚上和年初一才休息,他一年363天都在工作,真是太辛苦了！他为了祖国的教育事业，为了科技兴国，为培养人才真的竭尽全力。他忘我的工作精神，认真踏实的工作作风，严谨求实、勤奋创新的科学态度，着实让我们感动。

金碑银碑不如老百姓的口碑，金奖银奖不如老百姓的夸奖。这两句话用来评价我们的孙钟秀先生完全合适。亲爱的读者，熟悉或不熟悉的人们，如果你茶余饭后看完这本书，你就会了解我们南京大学有这么一位真正的德高望重、大家敬仰的学者的精神风貌。

社会在日新月异地变化，我们的生活越来越好，敬爱的孙钟秀先生却过早地离开了我们。

饮水思源，感恩于心。连日来，我在追忆孙钟秀先生，心潮澎湃，感慨万千，特作顺口诗一首，以表对孙钟秀先生的深情缅怀。

心底怀念情深深

高尚品质厚德仁，为人情义实感人。

学科队伍领头人，专家学者是能人。

全心奉献辛苦人，报效国家显才能。

身居高位易近人，大爱无疆乐助人。

为人师表是好人，身兼数职能胜任。

德高望重人真诚，甘为人梯帮众人。

严以律己宽待人，春风细雨滋润人。

淡泊名利是善人，人格魅力善真诚。

感慨万千忆孙师，钟秀待我如亲人。

感恩之情深似海，心底怀念情深深。

2015年12月20日深夜

4.15　怀念父亲

◇孙茂宁

　　我生于1969年,听妈妈说,那是"文化大革命"正在进行的时期,我的家庭处于严重的困难之中,爷爷孙光远是南京大学的教授,当时是被批判改造的对象。年近七十的爷爷,眼睛深度近视、步履蹒跚,造反派要他劳动改造,打扫学生宿舍。他的工资被造反派降低为每个月30元。我的外公叶南薰也是南京大学的教授,由于他是数学系的系主任,成为数学系的重点批斗对象,工资降低为零。我母亲是南京大学物理系的教师,物理系的造反派已向她宣布,要她和父母划清界线,不可以回父母家去。我的父亲由于业务拔尖,成为修正主义苗子,在系里备受造反派的歧视。

　　我是爷爷家里的第一个孙子,我的诞生给全家带来无比的欢乐,父亲非常喜欢我,经常陪我玩耍,讲故事给我听。

　　在我一岁的时候,南京大学开始落实知识分子政策,爷爷和外公不用再打扫学生宿舍,工资也恢复正常。奶奶说是我带来了好运气。到这时候,我妈妈才敢把我抱到外公家去,见到我的外公、外婆。听妈妈说,在我出生后,外婆急于想看到我,虽然外公家和爷爷

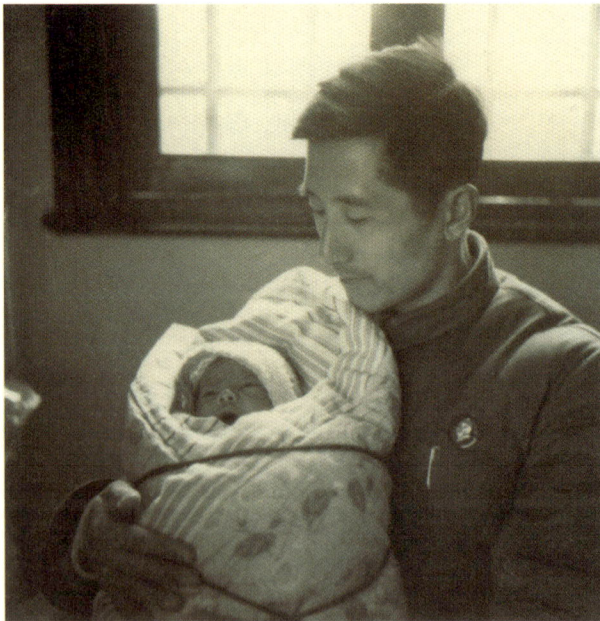

1969年,父亲抱着一个月大的我

◇孙茂宁:孙钟秀的儿子。

1972年5月,妈妈带我到南京大学在溧阳果园的农场,看望在农场劳动的爸爸

家相距很近,步行25分钟就可以到达,但是在那个时期,外公、外婆是绝对不能到爷爷家来的,如果他们来,会被造反派认为是黑串联,那是很危险的事情。后来妈妈想办法在我三个多月大的时候,抱我去鼓楼理发店理发,设法约外婆到理发店去,在鼓楼理发店外婆第一次看了到我。

我小的时候,南京大学长时期处于"停课闹革命"的状态,爸爸有很多空闲的时间,常常陪我玩。我喜欢看大街上的汽车,爸爸就抱我去看,我想一直看下去,爸爸很有耐心,会陪我看很长时间。他还买各种各样的玩具汽车给我玩。

爸爸会游泳,在我长大些之后,夏天他让我坐在他的自行车后面,载着我到南京大学的游泳池去游泳,他替我套上塑料的游泳圈,让我漂在水面上,教我游,那时我还小并未学会游泳。到我再长大些,我参加暑假里南大办的游泳班,学会了游泳。遗憾的是在我学会游泳后,从来没有机会和爸爸一起游泳,爸爸的工作越来越忙,他没有时间去游泳了。

爸爸是一位非常勤奋的人,早上起床后,他常常开收音机听英语的新闻广播。在我的印象中,爸爸每天准时起床,他从未睡过懒觉。晚上爸爸总是在灯下看书或工作。他很爱整齐、清洁,他的书架和书桌抽屉里放的东西都是整整齐齐的。爸爸的性格既温和又开朗,在家里他会讲故事给我们听,有时讲笑话,很幽默,和父亲生活在一起其乐融融。

记得在我即将开始工作的前一天晚上,爸爸和我很正式地谈了一次话。他说:"你明天就开始参加工作了,就进入社会了,工作要尽心尽力做好,要虚心向老同志学习,要尊重单位领导,和同事友好相处,要多看别人的长处。工作多干点是锻炼自己的机会,无论工作中遇到什么困难,都要去面对。平时你

2007年我和父亲在玄武湖

要多看书,充实自己,提高自己的工作能力。"父亲的这些话,我一直铭记在心。父亲是我生命中最好的老师,我最敬佩的人!

父亲老年患帕金森病,行动不便,星期天我开汽车并带上轮椅,陪父亲到东郊风景区或玄武湖公园去呼吸新鲜空气。有时他坐在轮椅上,我推轮椅,有时我扶着他散步。春天我们看柳树发出嫩芽,夏天看湖中盛开的荷花,秋天看金黄色的银杏叶飘落满地,冬天晒晒太阳。我喜欢摄影,常带上单反相机替爸爸拍照片。我为他拍了很多相片,留下了我和父亲在一起的珍贵记忆。

父亲离开我们已近三年,我非常想念他。每逢清明节和父亲的生日,我都去坟上看他,带去很多鲜花。我还给他说新闻,说南京大学的发展情况,说我们家里的事,盼望父亲在天国安息。

4.16　忆爸爸

◇孙茂春

1979年,爸爸、哥哥和我在大桥公园

我对爸爸最早的记忆是在一个寒冷的冬日,地上积着厚厚的雪,我家的院子里却很热闹,来了好多人。我和邻居的小朋友们正高兴地玩着雪球。妈妈一直叮嘱我,等看到爸爸的时候要大声叫爸爸啊。院子的大门开了,我看见一个高高的、穿着黑色长大衣的人走进来,大家都高兴地迎上去,可是我完全不认识他啊!当这陌生人叫我名字的时候,我吓得丢掉手中的雪球,飞快地逃进房间里。院子里的大人小孩笑成一片。这是1981年初,爸爸从美国回到家里时的情景。

我对爸爸最多的记忆是坐在爸爸的自行车后面,爸爸载着我去南京大学、去外婆家、去鼓楼……爸爸骑车又快又稳,我坐在后面从不担心害怕,再高的坡,爸爸用力踩几下就上去了。而记忆中最期盼的事就是睡觉前爸爸给我讲《西游记》的故事,听了一集又一集,总也听不够。最开心的记忆是和爸爸下象棋,即便爸爸让我一车一马,即便我任性地悔棋无数,也难以下赢,所以我总是缠住爸爸再下一盘。

◇孙茂春:孙钟秀的女儿。

不记得从什么时候起,爸爸越来越忙了,回家越来越晚,有了越来越多的出差……爸爸去北京的次数比和我在一起吃饭的次数还多了!而时间就在这样的忙碌中"咻"的一下飞过去了。一眨眼我上了大学,离开了南京,我越走越远,我和爸爸之间隔着山也隔着海,每年只能来去匆匆的见上几面。恍惚间我有一种角色置换的感觉,什么时候换成爸爸在家里等我回去吃饭了呢?

最后一次见到爸爸是在医院里,我像以往一样握住爸爸的手跟他道别,然而爸爸没有像往常一样和我挥手再见,相反的,爸爸却紧紧拉住我的手不愿松开——转身的瞬间已是永远的离别。

我的爸爸为人正直善良,工作努力,热爱家人。有这样的爸爸,已经非常幸运,但是我心里却总有那么一种遗憾,我很遗憾我和爸爸在彼此的生命里缺席了太多太多的时间。

2007年,爸爸妈妈和我在新加坡植物园

附　录

一、孙钟秀生前报刊上介绍他的文章

1.1　成功者的足迹

——记国家级有突出贡献的计算机科学家孙钟秀教授

◇新华日报 1987年7月24日 方延明

近代科技发展,使计算机应运而生。有人曾把大型计算机形象地比做驰骋"大海的巨鲸",而把许多微型计算机通过网络联系起来的所谓分布式系统称之为"蚂蚁搬泰山"。南京大学计算机科学系系主任孙钟秀教授,潜心于"蚂蚁搬泰山"的研究,受到国内外学术界称道。今年4月份,国家科委正式批准他为国家级有突出贡献的科学家。许多熟悉他的人都说,这个荣誉对他来说是当之无愧的。

威斯康星异国考察,用学识为国争光

今年51岁的孙钟秀,高挑个子,文雅谦恭,一副典型的知识分子形象。

1965年,他曾被选派到英国国际计算机公司学习,成为我国最早有机会去西方国家专门学习计算机技术的少数幸运者之一。但随后"文化大革命"掀起的急风暴雨劈头盖脑地朝他浇了一盆冷水。他带回的资料成了一堆废纸。

1979年,在科学的春天里,南京大学派他到美国威斯康星大学考察访问。他毅然选定了分布式计算机系统作为自己的主攻方向。

由于选题和以往工作的基础,孙钟秀一下子就插到该校一个计算机分布式系统研究小组,并承担了其中的科研任务。他首先碰到两个问题,其一是该科研组已经开展了两年多时间的分布式系统研究,有相当基础。对一个中途插进的人来说,不仅需要较强的业务素质,还急需在最短的时间内熟悉掌握以往工作的情况,方能取得共同合作的基础。第二就是在实际工作中,像上机这些基本的工作技术,尽管对孙钟秀来说并不陌生,但过去在国内上机机会少,想达到熟练程度,必须花费大量时间。争取到时间就是胜利。孙钟秀放弃了节假日休息时间,查阅了许多文献资料,利用点滴时间上机实践。半年以后,他在科研小组的每周讨论会上已经有了足够的发言权,而对上机实验也应用自如了。

孙钟秀以自己的学识为祖国赢得了荣誉。他所在的那个研究所,每周都要召开学术讨论会,研究有关问题。有时,大家争得面红耳赤,一般人根本不要想插嘴。有一次,一位美国教授写了一篇论文,已经在一个会议的专刊发表了,不少美国学者对这篇论文给以较高评价。几乎是在一片褒扬声中,孙钟秀当着大家的面郑重指出了论文中的一个明显错误,使在场的美国专家从惊奇转为赞叹,从此对他刮目相看。

1980年2月,在美国肯萨斯市召开全美计算机会议,他充分利用这个机会向大会提供DJS200/XT1操作系统的报告,引起与会美国专家的极大兴趣。

1980年11月,孙钟秀参加的科研项目完成了,尽管美方十分友好地再三劝留,他还是于翌年1月,提前半年回到了祖国。

学成归来,墙外开花墙内香

没有来得及与家人团聚几天,孙钟秀就赶到北京、武汉、合肥等地了解国内对分布式系统的研究情况,介绍国外最新信息。经过15天考察,一个新的构思形成了。回到南京,他与组内几位老师带上2个研究生,开始设计国内第一个分布式系统,经过300多个日日夜夜的努力,终于在1982年5月试制成功。同年11月,他们主持召开了全国首届分布式系统学术会议,来自全国各地的100多名代表,怀着极大的兴趣参观了他们的分布式系统,同声赞扬。尔后,他们又以较大的优势承担了国家"六五"重点攻关项目——分布式系统,到1986年年底,所有科研项目都通过了国家鉴定,并获国家科学技术进步二等奖。

遵循科技为经济建设服务的原则,他们围绕分布式系统与部队和地方承担了合作项目。

1984年,孙钟秀等与南京市政府合作,研制成功"南京市政府局部网络系统"。该系统的功能包括文件收发、公文管理、资料管理、汉文字处理、文件传阅管理和经济信息共享等,大大提高了工作效益,为在我国城市机关普及电脑管理提供了新鲜经验。

农机测试,是长期以来没有很好解决的问题,费工费时。他们与南京农业机械研究所合作,共同研制成功农机测试分布系统。另外,还为南京汽车制造公司设计制造了生产调度、供销、订货等功能的分布式系统。

最近几年,他们完成了4项生产实际中的设计任务。有六项成果获国家、部、省、市重大科技成果奖。

有口皆碑,作风及其人

孙钟秀注重学术民主,奖掖后进,有口皆碑。正如有的同志所讲:"老孙是搞分布式系统的,他组织科研的方法,也是分布式,把每个人的积极性都发挥出来,人尽其才,才尽其用。"

为了充分发挥大家的作用,他把教研室分成四个科研任务组,由4位中年教师担任组长,他只是每个小组的顾问,主要负责承接任务,制订规划,从大处把关。

孙钟秀也非常重视年轻的研究生的意见。他认为,在科学上,没有老少、师生之分,谁说得对就照谁的办。在搞第一个分布式系统时,他就吸取了研究生李西宁的不少建议。他对研究生讲:"20年前我在英国国家计算机公司学习时,有一次发现一位高级工程师设计的图纸有一处明显错误,当即给他指出,那位高工不以为然。然后调试机器时,问题就出在那上面,他只好按我的意见改。我现在也处在这个位子上,从宏观上讲,我可能比你们更清楚一些,但在微观上,因为我没有下水,不如你们第一线的。"

名利问题,常常是涣散科研集体的腐蚀剂。几年来,孙钟秀领导的研究室,获奖成果、发表论文、出版专著多了,奖金和稿费也多起来了,但大家互相谦让。

去年,孙钟秀担任了计算机科学系系主任,担子更重了,他除尽量为大家创造一种团结、和谐、愉快的科研教学工作环境外,仍坚持抓紧时间,在分布式系统的领域中不断进取。仅最近几年,他就在《中国科学》、美国《电子电气工程学会会刊(软件工程)》等国内外权威杂志上发表论文40余篇。同时,他还完成和出版了《操作系统原理》、《分布式计算系统》两本著作。

1.2 为科学事业的发展贡献力量

——访新当选的省科协主席孙钟秀教授

◇新华日报 1988年12月18日 顾文华

伴着掌声，带着信任，他，一位计算机软件专家——南京大学教授、副校长孙钟秀，在12月16日的省科协四届一次全委会上，当选为省科协主席。

接受记者采访时，这位知名学者坦诚笑答："对科协的工作，我是很热爱的。作为一个科学家，为科学事业，为科技工作者作点贡献，是有兴趣的。"

今年52岁的孙钟秀，是浙江杭州人。1957年毕业于南京大学数学系。从60年代开始，他就醉心于计算机系统的研究，造诣颇高。1965年，他是国内第一批被选送到英国去学习和掌握计算机操作系统新技术的学者，1967年回国后，他积极推广新技术，先后为十几个计算机所和高等院校举办学术讲座和提供咨询，推动了我国计算机操作系统研究的开展；1974年到1976年，他参与了我国第一个大中型计算机系列软件的总体设计，并领导一个小组为这种系列的计算机配置了第一个功能较强、结构良好、工作可靠的操作系统，并获得了国防工办一等奖；1982年，他又主持和设计完成了国内第一个分布式计算机系统，该系统在国家级科技进步二等奖中榜上有名。多年来，孙钟秀在国内外著名的杂志上发表了近50篇学术论文，优秀学术论文奖的作者栏里经常出现他的名字，在学术上影响很大。

他很忙。确实，作为一位计算机科学家，他有自己的课题需要研究；作为一位教授，他正指导着二名博士研究生和几名硕士研究生；作为一位副校长，他还分管着学校的外事工作。如今，他又要挑起主管全省科协工作的担子。

那么，作为省科协第四届委员会的主席，孙钟秀对科协今后的工作有些什么设想呢？

"现在还没有好好地想过，因为这件事情来得突然了些。"孙钟秀谦虚地笑笑，他略一停顿，接着说，"开展学术交流，包括国际学术交流，是一件非常重要的事情,许多宝贵的信息都可以从互相的交流中得到;因此,科协首先要抓好学术交流这一工作,并努力提高学术交流活动的质量和水平。其次,我们要抓好科学普及工作。现在农村还是比较落后的,迷信活动也很厉害,因此,用现代科技去治愚治贫,任务还非常艰巨。第三,科协要做好科学技术向生产力转化的促进工作。"

　　言谈之中,这位新当选的主席对目前科协经费的短缺以及科协的地位等问题流露出忧虑。他呼吁各级领导、社会各界,要真正了解科协在经济、社会发展中的重要作用,积极支持科协把工作做得更好。

1.3 瞄准国际前沿 立足国内需要
孙钟秀在计算机领域攻关不懈成果迭出

◇新华日报 1991年11月3日 鸿鹄

南京农机研究所的一位科研人员试图用一个计算机系统来控制农机测试仪，来到南京大学向孙钟秀教授求教。孙教授用他研制成功的ZCZ分布式计算机系统，圆满解决了问题。这种仪器不仅能准确地测出农机的功率、能耗、振幅等多种性能，而且能将有关数据迅速处理成各种信息，提供给科研人员进一步改进设计。这项科研成果获得了国家科技进步三等奖。

这仅仅是孙钟秀教授众多高水平科研成果中的一项。1957年毕业于南京大学数学系的孙钟秀，从1958年起投身于计算机这一新兴的科研领域，并倾注了全部心血和汗水。1967年，当国内同行对计算机操作系统还较陌生的时候，他率先用在英国进修时获得的知识向国内同行作介绍。1974年以后，他主持研制成计算机DJS200系列的DJS200／XT1和DJS200／XT1P等操作系统，为国产计算机软件的研究和开发作出了突出贡献。

孙钟秀的科研工作既牢牢瞄准国际学术前沿，又紧紧立足于国内建设的需要，因此他的许多成果不仅具有重要的学术价值，而且还有非常广阔的应用前景。从1979年起，孙钟秀瞄准80年代国际计算机科学的前沿——分布式计算系统的软件和应用开展研究攻关，3年后便在国内首次研制成功具有国际先进水平的ZCZ分布式微型计算机系统，并分别应用于农业机械测试数据的实时处理和海军作战模拟训练，加速了我国农业机械测试手段现代化和海军干部战役集训教学现代化。这一成果获得了国家科技进步二等奖。为了把电子信息技术广泛应用于各行各业，孙钟秀还主持研制了南京市政府局部网络系统和南京汽车制造厂的分布式企业管理系统，为我国中小城市和中小型企业实现办公自动化和信息管理自动化提供了经验，受到有关领导部门的高度评价。

历经33年的奋力攻关,孙钟秀以其丰硕的成果赢得了国内外同行的交口称赞。他有21篇论文发表于国际杂志和国内一级学报。美国威斯康星大学计算中心主任平克顿教授称赞他是"中国从事计算机研究最高级的人员之一"。

孙钟秀现为博士生导师,身兼南京大学副校长、省科协主席等多项职务。在学术领导、行政事务和社会工作极其繁忙的情况下,他仍坚持苦干在教学、科研第一线。在课堂上,在实验室里,人们总能看到他孜孜不倦的身影。从1988年起,他又承担了"863"高技术规划中智能操作系统等方面的研制课题,目前已在智能人机交互和大规模并行系统的任务调度等方面取得了初步成果。

1.4 我国分布式计算系统的开拓者

——访新增学部委员孙钟秀教授

◇中国计算机报 1992年3月10日 朱明球

"分布式计算系统是一个迷人的课题,它的迷人之处在于它的理论与实践是在紧密结合中而共同发展。"南京大学副校长、著名计算机专家、新增学部委员孙钟秀教授在接受记者采访时,引用世界著名计算机专家Hoare先生的话,概括了他所从事的分布式计算系统的科研特点。

55岁的孙教授,身材颀长,言谈举止中透出学者风度。早在60年代,他就将当时英国ICL公司先进的计算机操作系统介绍到国内,在70年代末兴起的分布式系统研究方面造诣高深,是国内最早从事这项研究的学者之一。他研制的ZCZ分布式微型计算机系统、分布式程序设计语言CSM、分布式操作系统ZCL等多项成果达到了世界先进水平。他提出的"令牌算法",超过了国际上著名的"邮戳算法"和"最佳互斥算法",并成功地证明了"令牌算法"是最佳算法。他在分布式计算和操作系统领域发表论文70余篇,著书5部,11项成果获国家和部委、省、市级科技进步奖。

谈及从事分布式计算系统研究的体会,孙教授说,这是一门实践性很强的学科,开发一个系统,程序量十分庞大。它不是纯理论研究,许多问题需要在实际工作中去发现和解决。因此,坚持理论与实际相结合的方针,以用为本,是搞好科研工作的重要保证。他主持研制开发了多个实用分布式计算系统,及时将研究成果应用到现代化建设中,如用于农机测试数据实时处理的分布式单板机系统,用于海军作战模拟训练的ZH分布式微机系统以及南京市政府局部网络系统、分布式企业管理系统等等,产生了较大的社会效益和经济效益。孙教授还注意发挥中青年科研人员的作用。他说,计算机技术是年轻人的事业,在研究工作中,一些好的见解往往来自于自己的学生。

目前,孙教授正在从事多项高科技课题的研究,其中"863"高技术规划中智能操作系统的研究,已在智能人机交互和大规模并行系统的任务调度等方面获得了成功。"八五"期间,他还承担了国家重点攻关项目"分布式软件开发语言(CASE)的标准化和实用化"课题。

展望世界计算机技术的发展趋势,这位新当选的学部委员感到任重而道远。"计算机知识的更新越来越快,我们只有及时地掌握世界计算机发展的最新动态,才能把准方向,跟踪世界先进水平,否则,就要被淘汰。对此,我们应有清醒的认识。"从这番精辟的分析中,我们不难看出,孙钟秀的目光始终瞄准着世界计算机科学的前沿。

1.5 成功归于集体 希望寄寓学生

—— 记新当选的学部委员孙钟秀教授

◇计算机世界 1992年4月8日 高丽华

一个春暖花开的日子,记者敲响了南京大学副校长孙钟秀教授办公室的门,专程采访这位中国科学院新当选的学部委员。

来采访之前,记者先翻阅了有关孙教授的材料。

现年55岁的孙钟秀教授,在1986年就被国家人事部授予"中青年有突出贡献专家"称号,是国内最早对分布式计算系统和操作系统进行系统研究的专家之一。

1974年他主持研制成功了国产系列计算机DJS200系列的操作系统;70年代末他把分布式计算系统介绍到国内;1982年他研制成功的ZCZ分布式系统达到与美国同类系统的水平。其后,他提出的"令牌"分布式同步算法超过了著名的Lamport的邮戳算法和Ricart的最佳互斥算法;他有11项成果先后获国家、部委及市科技进步奖,发表论文70余篇,著书5部。

接受采访时,孙教授只字没谈自己的成就,话题是围绕着一个中心:发展计算机软件,靠的是队伍合力,必须凝聚集体智慧打团体赛。

"团体赛"与"杜林奖"

孙教授诚恳地说,这不是谦辞,而是由软件技术的特点决定的。首先,从编程序这个角度看,做一个项目工作量非常大,个人无从胜任;其次,开发实用系统,涉及面十分广泛,项目牵头人只能把握大的技术,细部处理还得靠一线应用和程序开发人员提出来;此外,计算机技术更新非常快,如果说历史知识可以靠积累,计算机技术则靠更新,必须随时从浩如烟海的资料中搜索新动向,这更需要集体的力量。为此,他们经常召开讨论会,请大家分头介绍国内外的新成果,提出见解。在这种场合是不分老师学生的,一些好的见解往往出自学生。作为学术带头人,他的主要工作是发挥众人之长,团结大家协力登攀。

他特别谈到了事业的未来,认为计算机事业是年青人的事业,自己这个年龄,应当把主要精力放在培养新人上。他常常为我国至今未能摘取计算机科学最辉煌的桂冠——"杜林奖"而深感歉疚。他告诫学生,这个希望就寄托在他们身上。

"两个最"与"一个条件"

孙教授不太愿意多谈自己,记者只好又走访了南大计算机系分布式计算系统研究室副主任张德富教授。

张德富与孙钟秀共事多年,是孙教授所在党支部的书记。他介绍说,孙教授强调打"团体赛",这是他的谦虚,也是他最为人称道的工作方法。但是我们必须看到,攻克计算机软件这样的尖端科学,带头人的业务水平和组织能力至关重要。二十多年来,孙钟秀教授审时度势,选准了操作系统和分布式系统等研究课题,这些系统开发成功后都和国内的研究与应用的大气候合上了拍,在四化建设中发挥了重要作用,形成了一种理论开花应用结果,应用又推动理论研究向纵深发展的良性循环。在国外,这些成果也引起了关注,几种分布式程序设计语言博得了杜林奖获得者、著名计算机专家Hoare以及Jonse的好评;有关论文受到美国、澳大利亚、印度、匈牙利等多个国家的专家和学者的关注并被多次引用。

谈起孙教授选题的正确,张德富介绍说,孙教授强调"两个最"、"一个条件":即瞄准世界最前沿的技术;了解国内最需要的技术;弄清楚自己现有的条件。他说,把握好这三个环节,选题十有八九会成功的。而能把握这三点,不正体现了带头人的水平和作用吗?

做人与做学问

谈及孙钟秀的为人,张德富感慨良多。他介绍说,孙教授在搞学问方面体现了"大智",待人处事则体现了"大容",严以律己,知人善任,使研究队伍形成了合力。

南京大学是专家学者荟萃之地。孙钟秀作为学术带头人,总是注意团结大家一道工作，即使"文革"中批判过他的人，他也以诚相待，彼此毫无隔阂。他耐心细致关心培养年轻人的事，在学校更是传为佳话。教研室有一位年青的讲师被公派去日本搞软件开发。三个月后，日方表示了挽留之意。但这位讲师执意按时回国。他说，我不回来对不住孙老师。孙教授的一些同事说，孙老师培养阶梯队伍不遗余力：在他们还没有资格带硕士生的时候，孙教授就有意识地安排他们与自己一起带硕士生；在他们没有资格带博士生的时候，孙教授又携同他们一起带博士生……其用心之良苦，态度之认真，令人难以忘怀。目前，南大计算机系已形成了一支结构合理的人才梯队。

孙钟秀在用人、管理方面颇具大将风度，放手让大家干，充分发挥每个人的专长。人们说，在孙钟秀的领导下工作，个人的才能和潜力可以得到最大限度的发挥。

孙教授的廉洁、谦和、严谨也是出了名的。由他牵头开发的项目得了奖，发奖金多给他一块钱也不要；工作再忙，坚持给研究生、本科生上课，因出差缺了课，回来立刻补上；出席会议，从不迟到早退；光荣当选为学部委员，他谢绝了同事们召开庆贺会的打算，新学期召开的第一次会议是找差距的会。

学生们说，与孙老师在一起，不仅学会了做学问，更学会了做人。

采访归来，记者深有感触。孙教授不仅是学术上的权威，而且在教书育人、组织主持学术攻关以及教学管理等方面都具有丰富的经验。作为新中国培养起来的知名学者，他无愧于祖国。

此文停笔前，记者又拨通了孙教授家的电话，问他当选学部委员后有什么打算？他感慨地说："我感觉到自己肩上的担子更重了。目前最大的愿望有二：一是组织主持好智能操作系统和分布式软件工程开发环境等国家重点项目的攻关；二是通过攻关，带出一支队伍——这是事业的归宿，也是我义不容辞的责任。"

1.6 为计算机科学奋力开拓

——记南京大学教授孙钟秀

◇中国科学报 1992 年 7 月 14 日 邹国良

我国最早从事计算机操作系统软件研究的学者之一、南京大学孙钟秀教授,自 60 年代以来,在计算机操作系统、分布式计算系统、智能操作系统等方面的研究、开发,都取得了突出的成就。不仅缩短了我国在这一学科领域与国际先进水平的差距,而且在某些方面已经跨进国际先进行列。无论是在对计算机学科的发展,还是为国民经济和国防建设服务方面,孙钟秀都做出了杰出贡献。

孙钟秀 17 岁考入南京大学数学系,1957 年毕业后留校任教。不久,他就有幸参加了我国高校中第一台计算机的设计研制。1965 年,他又被教育部选派到英国国际计算公司学习两年,成了我国最早有机会去西方国家专门学习计算机技术的少数幸运者之一。

1974 年,在孙钟秀的主持下,研制成功了我国国产计算机 DJS200 系列的操作系统。这一成果分别获国防工办颁发的科技成果一等奖和电子工业部颁发的科技成果二等奖。

分布式计算系统,是 80 年代世界计算机科学的前沿。孙钟秀从 1979 年就开始了这一系统的软件与应用的研究。1982 年 10 月,他和科研小组在国内首次研制成功了 ZCZ 分布微型计算机系统,不仅填补了国内空白,而且它的功能和性能都达到了国际先进水平。这项成果 1985 年获国家科技进步二等奖。在分布式计算系统的研制、开发过程中,孙钟秀还主持研制了一系列的分布式系统软件。1988 年获国家教委颁发的科技进步一等奖。

孙钟秀一向十分重视科技成果的推广应用和向生产力的转化。他采用分布式计算系统成果,先后为海军某部研制的海军作战模拟系统,为南京市政府研制的局部网络系统,为南京汽车制造公司研制的具有生产调度、供销、订货功能的分布式企业管理系统,以及为农机行业研制的农机测试分布系统,都在国内产生了较大影响,受到了广泛赞誉。

30多年来,孙钟秀先后完成5本专著、1本译著。在他发表的70多篇论文中,有24篇是在国外学术刊物和国内一级学报上发表的。他取得的科研成果11次获奖,其中国家级奖励两次,部、省级奖励9次。1986年,他被国家授予"中青年有突出贡献专家"的光荣称号。

二、孙钟秀逝世后的有关资料

2.1 讣告

中国共产党党员，中国科学院院士，我国著名计算机科学家，全国政协第七、八、九、十届委员，江苏省科协第四、五届主席，南京大学教授、博士生导师，南京大学原副校长孙钟秀同志因病于2013年5月18日上午8点30分在南京逝世，享年77岁。

孙钟秀同志生于1936年12月22日，籍贯浙江省杭州市；1957年毕业于南京大学数学系，留校工作后他先后在数学系、计算机科学与技术系任教；1965—1967年在英国国际计算机公司进修，1979—1981年在美国威斯康星大学做访问学者；1986年被国家人事部授予"中青年有突出贡献专家"称号，1991年当选中国科学院院士，2000年被日本北海道信息大学授予名誉博士学位。

孙钟秀同志长期担任南京大学和计算机科学与技术系的领导工作，认真贯彻党的教育方针和政策，辛勤工作、关心群众、严于律己、平易近人，为南京大学的建设和发展做出了重要贡献。他长期工作在教学和科研第一线，率先在国内开展计算机操作系统和分布式计算的教学和科研工作，取得了多项具有国际先进水平的研究成果，先后获国家和省部级科研成果奖12项，其中包括1985年国家科技进步二等奖，1996年国家科技进步三等奖。发表学术论文100余篇，著书5部，培养博士生和硕士生50余名，为我国计算机事业和南京大学计算机学科建设做出了重大贡献。

孙钟秀同志热爱祖国、忠于党的教育事业，为南京大学和我国计算机事业献出了毕生的精力。他的逝世是我国计算机事业和南京大学的重大损失，他严谨治学的风范和求真务实的品质是南京大学师生员工的宝贵财富，将引导和激励我们为建设国际一流大学继续努力奋斗。

孙钟秀同志安息吧。

孙钟秀同志告别仪式定于2013年5月22日(周三)上午9点在南京西天寺新殡仪馆致远厅举行,请参加告别仪式的同志于5月22日上午7点30分在南京大学化学楼门前乘车前往。

请送花圈的同志与孙钟秀同志治丧委员会联系。电话和传真:025-83593465,电子邮件:cs@nju.edu.cn

特此讣告。

孙钟秀同志治丧委员会
2013年5月19日

孙钟秀同志治丧委员会名单如下:

主　任:洪银兴　陈骏
副主任:张异宾　张荣　潘毅　杨忠　吕建
成　员(按姓氏笔画为序):

尤建功　王云骏　王志林　刘源　刘晓丽　许钧
张士朗　张峻峰　李宣东　李满春　邹亚军　闵建洪
陆林　陈建群　周济林　武港山　秦厚荣　郭随平
顾秋生　濮励杰

2.2 孙钟秀院士遗体告别仪式主持词

时　　间：2013年5月22日（周三）上午9点
地　　点：南京西天寺新殡仪馆致远厅
主持人：南京大学副校长　吕　建

各位领导、各位来宾、老师们、同学们、孙院士亲属：

今天，我们怀着无比沉痛的心情，在这里悼念中国共产党党员，中国科学院院士，我国著名计算机科学家，全国政协第七、八、九、十届委员，江苏省科协第四、五届主席，南京大学教授、博士研究生导师，南京大学原副校长孙钟秀院士。孙钟秀院士因病于2013年5月18日上午8点30分在南京不幸逝世，享年77岁。

孙钟秀院士逝世后，党和国家领导人非常关心。中共中央总书记、国家主席、中央军委主席习近平同志委托教育部打来电话，对孙钟秀院士的逝世表示哀悼，对其亲属表示慰问。

原中共中央总书记、原国家主席、原中央军委主席胡锦涛同志也委托教育部打来电话，对孙钟秀院士的逝世表示深切哀悼，对其亲属表示亲切慰问。

中共中央政治局常委，全国人大常委会委员长张德江同志，中共中央政治局常委、中央书记处书记、中央党校校长刘云山同志，中共中央政治局委员、国务院副总理刘延东同志，中央政治局委员、中央书记处书记、中央组织部部长赵乐际同志，原中共中央政治局常委、原国务院总理温家宝同志，原中共中央政治局常委、原中纪委书记吴官正同志，也分别委托打来电话，对孙钟秀院士的逝世表示深切哀悼，对其亲属表示亲切慰问，并委托代送花圈。

委托打来电话并送来花篮、花圈的领导同志还有：教育部部长、党组书记袁贵仁同志、中国科学院院长、党组书记白春礼同志，中国科学院副院长李静海同志，中共江苏省委书记罗志军同志，江苏省省长李学勇同志，中共江苏省委副书记石泰峰同志,中共江苏省委常委、组织部部长杨新力同志,副省长徐鸣同志,副省长曹卫星同志,江苏省政协副主席徐南平同志,全国政协常委、原江苏省委书记梁保华同志,国防科技大学校长杨学军同志,北京航空航天大学校长怀进鹏同志。

送来花篮、花圈或发来唁电、唁函的单位还有中共中央组织部,教育部,中国科学院、中共江苏省委,江苏省人民政府,中国人民政治协商会议江苏省委委员会,中国科学院学部主席团,教育部大学计算机课程教学指导委员会,中国科学院信息技术科学部,中国科学院院士工作局,中国科学院软件研究所,中国科学院数学与系统科学研究院,中国科学院计算机科学国家重点实验室,中国科学院南京分院,中国计算机学会,高等教育出版社,吉林大学、国防科技大学,西北工业大学,安徽大学,江南大学,扬州大学,江苏大学,常州大学,金陵科技学院,中共江苏省委组织部、中共江苏省委统战部,江苏省人才工作领导小组办公室,江苏省科学技术协会,江苏省计算机信息处理技术重点实验室,江苏省计算机学会,中共南京市委组织部,扬州市计算机学会,苏州市计算机学会,清华大学计算机科学与技术系,浙江大学计算机科学与技术学院和软件学院,复旦大学计算机学院,上海交通大学计算机系,中国科技大学计算机学院,哈尔滨工业大学计算机学院,西安交通大学计算机学院、软件学院,国防科技大学计算机学院,中国人民大学数据工程与知识工程教育部重点实验室、信息学院,北京航空航天大学计算机学院、虚拟现实新技术国家重点实验室,武汉大学计算机学院,吉林大学计算机科学与技术学院、软件学院、符号计算与知识工程教育部重点实验室,华中科技大学计算机科学与技术学院,东南大学计算机学院、软件学院,南京理工大学计算机学院,南京工业大学电子与信息学院计算机系,南京邮电大学计算机学院、软件学院,南京信息工程大学计算机与软件学院,苏州大学计算机科学与技术学院,江苏紫金电子集团有限公司,南京普天天纪楼宇智能有限公司,山东中创软件工程股份有限公司,南京普天通信股份有限公司,富士通南大软件有限公司,南京师范大学附属中学,南京师范大学附属中学校友会,南京市丁家桥小学,南京大学,中共南京大学委员会以及南京大学有关院系和部门等单位。

送来花篮、花圈或发来唁电、唁函的个人还有：洪银兴、陈骏、赵沁平、怀进鹏、张大良、李未、吴中福、杨芙清、欧阳平凯、王阳元、周兴铭、杨学军、何积丰、陈国良、梅宏、董韫美、周巢尘、林惠民、陆汝钤、王业宁、方成、冯端、孙义燧、闵乃本、张淑仪、苏定强、龚昌德、江元生、陈懿、陈洪渊、胡宏纹、游效曾、王颖、王德滋、伍荣生、薛禹群、符淙斌、吴培亨、郑有炓、都有为、祝世宁、邢定钰、王广厚、张全兴、张荣、潘毅、杨忠、吕建、徐泽华、许敖敖、唐泽圣、王殿祥等同志。

送来花篮、花圈或发来唁电、唁函的还有孙钟秀院士的生前好友、同事、学生、亲属。

各位领导、各位来宾、老师们、同学们、孙院士亲属：

参加今天孙钟秀院士遗体告别仪式的南京大学领导和来宾有：校长陈骏同志，原校长曲钦岳院士，校党委常务副书记张异宾同志，校党委常委、党办主任邹亚军同志，徐家福先生、苏定强院士、陈洪渊院士、伍荣生院士、郑有炓院士、吴培亨院士、王广厚院士等。

孙钟秀院士生病期间，省、市、南京大学领导以各种方式向孙钟秀院士表示慰问，洪银兴书记、陈骏校长等多次亲自到医院探望。

参加今天孙钟秀院士遗体告别仪式的还有江苏省计算机学会，北京航空航天大学计算机学院，吉林大学计算机与软件学院，上海交通大学计算机系，复旦大学计算机科学技术学院，东南大学计算机科学与工程学院、软件学院，南京师范大学计算机科学与技术学院，南京大学附属丁家桥小学的领导、来宾和孙钟秀院士的生前好友、同事、学生、家属及亲属。

2.3 孙钟秀遗体告别仪式上南京大学党委常务副书记张异宾同志宣读《孙钟秀同志生平简介》

中国共产党党员,中国科学院院士,我国著名计算机科学家,全国政协第七、八、九、十届委员,江苏省科协第四、五届主席,南京大学教授、博士生导师,南京大学原副校长孙钟秀同志因病于2013年5月18日上午8点30分在南京逝世,享年77岁。

孙钟秀同志生于1936年12月22日,籍贯浙江省杭州市;1957年毕业于南京大学数学系留校工作,他先后在数学系、计算机科学与技术系任教;1965—1967年在英国国际计算机公司进修,1979—1981年在美国威斯康星大学做访问学者;1986年被国家人事部授予"中青年有突出贡献专家"称号,1991年当选中国科学院院士,2000年被日本北海道信息大学授予名誉博士学位。

孙钟秀同志长期担任南京大学和计算机科学与技术系的领导工作,认真贯彻党的教育方针和政策,与时俱进、不断创新、辛勤工作、关心群众、严于律己、平易近人,为南京大学的建设和发展作出了重要贡献。

孙钟秀同志长期工作在教学和科研第一线。教学认真负责,教书育人。先后为本科生和研究生讲授过高等数学、数理逻辑、计算机操作系统、计算机进展和分布式计算机系统等课程。为本科生写的《操作系统教程》不仅在南京大学计算机系使用,而且被国内许多高校计算机系使用,该教材被评为国家级优秀教材。此外,出版了《分布式计算机系统》为研究生教材。在教学过程中,他把教学工作和科研工作结合起来,讲课内容充实,他的严谨治学态度和处理问题时显示出的智慧和灵活性,深受学生好评。

孙钟秀同志在科研方面开拓进取,注重应用。70年代初,率先从国外引进并开发计算机操作系统,对我国操作系统的研究起了较大的促进作用。他主持研制了一系列国产计算机操作系统,其中"DJ200/XTI操作系统"获1980年国防工办科技一等奖,"磁盘操作系统DJS200/XTIP"获1985年电子工业部科技成果二等奖。1979年开始对分布式计算系统软件及应用进行系统的研究。由他主持研制的ZCZ分布式微型计算机系统于1982年在国内首次研制成功。该系统有许多性能优于国际同类系统,达到国际先进水平。这项成果对我国分布式计算系统的研究和发展起了推动和促进作用。为了把研究成果推广和应用于经济建设,又研究和开发了多个实用的分布式计算系统,如分布式单板机系统和ZH分布式微型计算机系统,它们在国内首次分别应用于农业机械测试数据的实时处理、海军作战模拟训练、南京市政府局部网络系统和南京汽车制造厂的分布式管理系统。这些成果在国内影响较大,受到了中国人民解放军海军军事学术研究委员会、国家计委、中央办公厅机要局以及江苏省等有关部门的好评,1985年获国家科技进步二等奖。他主持研制了多个分布式系统软件。在分布式程序设计语言方面提出和实现了CSM三种语言。在分布式操作系统方面,提出了一种"分布式同步算法——令牌算法",它优于国际上著名的Lamport邮戳算法和Ricart最佳互斥算法。设计和实现了"ZC-ZOS"和"ZGL"等分布式操作系统。这些成果与国际有关成果相比有许多特点达到国际先进水平,获1988年国家教委科技进步(甲类)一等奖。

孙钟秀同志教学科研成果卓著,获国家和省部级科研成果奖12项,其中包括1985年国家科技进步二等奖,1996年国家科技进步三等奖。发表学术论文100余篇,著书5部,培养博士生和硕士生50余名,为我国计算机事业和南京大学计算机学科的建设和发展作出了重大贡献。

孙钟秀同志热爱祖国、忠于党的教育事业,为南京大学和我国计算机事业献出了毕生的精力。他的逝世是我国计算机事业和南京大学的重大损失,他严谨治学的风范和求真务实的品质是南京大学师生员工的宝贵财富,将引导和激励我们为建设国际一流大学继续努力奋斗。

2.4　孙钟秀院士遗体告别仪式举行

习近平胡锦涛致电哀悼

李克强张德江刘云山温家宝吴官正刘延东赵乐际蒋树声等送花圈

◇新华日报 2013年5月23日 徐南启 侯印国 杨频萍

5月22日,中国共产党党员,中国科学院院士,我国著名计算机科学家,全国政协第七、八、九、十届委员,江苏省科协第四、五届主席,南京大学原副校长孙钟秀院士遗体告别仪式在宁举行,近四百名社会各界人士前往西天寺殡仪馆为孙钟秀院士送行。孙钟秀同志因病医治无效,于2013年5月18日上午8点30分在南京逝世,享年77岁。

中共中央总书记、国家主席、中央军委主席习近平,原中共中央总书记、原国家主席、原中央军委主席胡锦涛委托教育部打来电话对孙钟秀院士的逝世表示深切哀悼,对其亲属表示亲切慰问。

正在印度访问的中共中央政治局常委、国务院总理李克强委托教育部打来电话,对孙钟秀院士的逝世深切哀悼,对其家属表示亲切慰问,并代送花圈。

中共中央政治局常委、全国人大常委会委员长张德江,中共中央政治局常委、中央书记处书记、中央党校校长刘云山,原中共中央政治局常委、原国务院总理温家宝,原中共中央政治局常委、原中纪委书记吴官正,中共中央政治局委员、国务院副总理刘延东,中共中央政治局委员、中央书记处书记、中央组织部部长赵乐际,原全国人大副委员长、原民盟中央主席蒋树声也分别委托打来电话,对孙钟秀院士的逝世表示深切哀悼,对其亲属表示亲切慰问,并委托代送花圈。

致电慰问并送来花篮、花圈的教育部、中国科学院以及相关省市领导有袁贵仁、白春礼、李静海、罗志军、李学勇、梁保华、石泰峰、杨新力、徐鸣、曹卫星、徐南平等。

南京大学党委书记洪银兴,校长陈骏,校内外三十余位两院院士,兄弟高校、科研院所领导，以及孙钟秀院士的生前好友、同事、学生、亲属也发来唁电或送来花篮、花圈。

孙钟秀同志1957年毕业于南京大学数学系并留校工作，先后在数学系、计算机科学与技术系任教；1965—1967年在英国国际计算机公司进修，1979—1981年在美国威斯康星大学做访问学者；1986年被国家人事部授予"中青年有突出贡献专家"称号，1991年当选中国科学院院士，2000年被日本北海道信息大学授予名誉博士学位。孙钟秀同志长期工作在教学和科研第一线，率先在国内开展计算机操作系统和分布式计算的教学和科研工作，取得了多项具有国际先进水平的研究成果，为我国计算机事业做出了重大贡献。

2.5　孙钟秀院士遗体告别仪式举行

习近平　胡锦涛致电哀悼

李克强　张德江　刘云山　温家宝　吴官正　刘延东　赵乐际　蒋树声等送花圈

◇南京大学报　2013年5月30日　徐南启　侯印国

2013年5月18日上午8点30分,中国共产党党员,中国科学院院士,我国著名计算机科学家,全国政协第七、八、九、十届委员,江苏省科协第四、五届主席,南京大学教授、博士生导师,南京大学原副校长孙钟秀同志因病在南京逝世,享年77岁。

5月22日,孙钟秀院士遗体告别仪式在宁举行,近四百名社会各界人士前往西天寺殡仪馆为孙钟秀院士送行。

中共中央总书记、国家主席、中央军委主席习近平,原中共中央总书记、原国家主席、原中央军委主席胡锦涛委托教育部打来电话对孙钟秀院士的逝世表示深切哀悼,对其亲属表示亲切慰问。

正在印度访问的中共中央政治局常委、国务院总理李克强委托教育部打来电话,对孙钟秀院士的逝世深切哀悼,对其家属表示亲切慰问,并代送花圈。

中共中央政治局常委、全国人大常委会委员长张德江,中共中央政治局常委、中央书记处书记、中央党校校长刘云山,原中共中央政治局常委、原国务院总理温家宝,原中共中央政治局常委、原中纪委书记吴官正,中共中央政治局委员、国务院副总理刘延东,中央政治局委员、中央书记处书记、中央组织部部长赵乐际,原全国人大副委员长、原民盟中央主席蒋树声也分别委托打来电话,对孙钟秀院士的逝世表示深切哀悼,对其亲属表示亲切慰问,并委托代送花圈。

致电慰问并送来花篮、花圈的教育部、中国科学院以及相关省市领导有袁贵仁、白春礼、李静海、罗志军、李学勇、梁保华、石泰峰、杨新力、徐鸣、曹卫星、徐南平等。

中共中央组织部、教育部、中国科学院、中共江苏省委、江苏省人民政府、中国人民政治协商会议江苏省委员会等单位发来唁电或送来花圈。

南京大学党委书记洪银兴，校长陈骏，校内外三十余位两院院士，兄弟高校、科研院所领导，以及孙钟秀院士的生前好友、同事、学生、亲属也发来唁电、唁函或送来花篮、花圈。

南京大学校长陈骏，原校长曲钦岳院士，苏定强院士、陈洪渊院士、伍荣生院士、郑有炌院士、吴培亨院士、王广厚院士，徐家福先生，南京大学原党委书记韩星臣，党委常务副书记张异宾，以及相关部门、院系、兄弟院校、单位代表，孙钟秀院士生前好友、同事、学生、家属和亲属参加了遗体告别仪式。

上午九时，孙钟秀院士遗体告别仪式开始。仪式由南京大学副校长吕建主持。南京大学党委常务副书记张异宾介绍了孙钟秀院士生平。

孙钟秀1957年毕业于南京大学数学系并留校工作，先后在数学系、计算机科学与技术系任教；1965—1967年在英国国际计算机公司进修，1979—1981年在美国威斯康星大学做访问学者；1986年被国家人事部授予"中青年有突出贡献专家"称号，1991年当选中国科学院院士，2000年被日本北海道信息大学授予名誉博士学位。

孙钟秀长期工作在教学和科研第一线，率先在国内开展计算机操作系统和分布式计算的教学和科研工作，取得了多项具有国际先进水平的研究成果，先后获国家和省部级科研成果奖12项，其中包括1985年国家科技进步二等奖，1996年国家科技进步三等奖。发表学术论文100余篇，著书5部，培养博士生和硕士生50余名，为我国计算机事业和南京大学计算机学科建设做出了重大贡献。

2.6 南大原副校长孙钟秀院士去世

在计算机操作系统领域,他曾开创了很多第一

学识渊博、风度翩翩,当年很多人都以考上他的研究生为荣

◇现代快报 2013年5月21日 金凤

77岁的孙钟秀终于摆脱了折磨他20多年的帕金森综合征,遗憾的是,他也离开了倾注终生心血的中国计算机事业、奉献一生的南京大学。5月18日,中国科学院院士、我国著名计算机科学家、南京大学博士生导师、南京大学原副校长孙钟秀教授因病逝世。

他是国内最早研究操作系统的学者

孙钟秀出身于书香门第,父亲孙光远是著名数学家,被誉为中国近代数学奠基人之一、中国微分几何与数理逻辑研究的先行者,著名数学家陈省身也出自孙光远门下。1957年,孙钟秀毕业于南大数学系并留校,先后在数学系、计算机科学与技术系任教。他开创了很多第一。

"1963年,我在南大读大三,孙老师给我们上《数理逻辑》,这在当时是教育部在全国唯一设点的专业。"昨天,南京大学原副校长谢立告诉现代快报记者,"当时通用的操作系统被微软垄断,他是国内最早研究操作系统的学者之一。"

"上世纪60年代末70年代初,国内使用的IBM360、370大型计算机上,全部使用的是美国的操作系统。"南大计算机系退休教授费翔林1964年本科毕业留校后,师从孙钟秀。费翔林说,操作系统是计算机的大脑,当时进口一套操作系统,费用昂贵。操作系统的研发不仅可以摆脱国外的技术垄断,也能节省资金。

上世纪八九十年代,费翔林经常跟随孙钟秀,来往于北京和南京之间,孙钟秀从英国带回的新思想,成为大家研究计算机操作系统的依据。

除了操作系统,还要解决计算机处理大型数据的问题,"把计算机连在一

起,运算能力就大大提高。"南大分布式计算教研室教授路桑璐可以说是孙钟秀的关门弟子,她说,孙钟秀写过一本《分布式计算机系统》,"书薄薄的,思路很清楚"。

凭着在分布式计算系统领域的开创性研究,1985年,孙钟秀的成果获得国家科技进步二等奖。1991年,他当选中科院院士。

提携学生代他出席高端学术会议

"孙老师是我的硕士导师,对我一生影响很大。他学识渊博,风度翩翩,也是我们的偶像。"孙钟秀仙逝当天,身处南半球的周晓方便从中国计算机学会的同事那里获悉了消息。这位孙钟秀的门生,如今已经是澳大利亚昆士兰大学计算机系教授、中国人民大学"千人计划"学者。

周晓方1984年升入南大计算机系时,孙钟秀已是业内泰斗,"孙老师的学问、人品、风度让我们崇拜,都以考上他的研究生为荣"。

孙钟秀每周跟学生们见一次面,指导他们的科研学习,"我们想了很长时间的问题,孙老师一点拨,就想通了,他考虑问题的方法、角度以及严谨性让我受益匪浅"。

学生们对孙钟秀既敬畏,又爱戴,"孙老师多才多艺,我们研究小组的年底联欢会上,他会喝点酒,还会拉二胡给大家助兴"。

周晓方在国内计算机领域崭露头角,也始于孙钟秀的提携。"我这辈子第一次坐飞机,就是孙老师让我代表他去北京开会",那是国内计算机领域顶级学者的一次高峰论坛,由激光照排技术的先驱王选主持会议,会前,周晓方有点紧张,孙钟秀鼓励他:"没事,你就代表南大、代表我去,不用担心,一定行的。"

最终,周晓方在会上出色发挥,"从那以后,我的自信一下子被激发出来了"。

读研期间,周晓方还参加过昆士兰大学计算机学院院长的接待,英语出色的孙钟秀让周晓方做翻译。1991年,周晓方到这所大学读博,后留校任教至今,"我现在也是大学教授,一直都以他为榜样"。

2.7 孙钟秀：中国最早的计算机"极客"

一方面他将国外先进操作系统技术带回祖国；另一方面在此基础上他为国产DJS200计算机系列设计了操作系统。这些工作为我国计算机操作系统的研究和开发奠定了基础。

◇中国科学报 2014年5月16日 天吾

今年是我国接入互联网20周年。计算机相关技术发展之快，让曾经风靡一时的XP系统都正式淡出了历史舞台。

如今，很多年轻的理科人以"极客"作为自己的时尚标签，但少有人知道，有位叫孙钟秀的老先生，可是当年中国最早一批"玩"上计算机的人。

上世纪60年代留洋深入研究计算机的这位极客，也许没有现在年轻人这般追求酷炫，他内心更多的是争取自强的隐忍和报效国家的责任。但和任何一代科学痴迷者一样，孙钟秀始终不变的是对钻研和探究的热爱。

老先生离开我们已近一年，不过他培养的弟子们正在享受科学的道路上继续走下去。

是先驱，更是良师

据南京大学原副校长谢立回忆，1963年还在上大学的他听孙钟秀讲"数理逻辑"，"这是当时教育部在全国唯一设点的专业"。

操作系统是计算机的大脑。当年国内大型计算机上，全部使用的是国外的操作系统，而进口一套操作系统，费用昂贵。为尝试改变这一局面，孙钟秀成为"国内最早研究操作系统的学者之一"。

一方面他将国外先进操作系统技术带回祖国；另一方面在此基础上他为国产DJS200计算机系列设计了操作系统。这些工作为我国计算机操作系统的研究和开发奠定了基础。

凭着在计算机系统和分布式计算系统领域的开创性研究，1985年，孙钟秀的成果获得国家科技进步奖二等奖。1991年，他当选为中科院院士。

不仅如此,他还编写过《操作系统教程》、《分布式计算机系统》,让国内更多的人有机会了解、学习当年的这一新鲜事物。

在很多弟子眼中,他都是一位"学识渊博、风度翩翩"的"偶像"级老师。

后来成为澳大利亚昆士兰大学计算机系教授的周晓方,年轻时在国内计算机领域崭露头角,也得益于孙钟秀这位伯乐。"我这辈子第一次坐飞机,就是孙老师让我代表他去北京开会。"周晓方回忆。那是国内计算机领域顶级学者的一次高峰论坛,由激光照排技术的大牌王选主持会议。会前,周晓方感到紧张和不够自信,孙钟秀则鼓励他:"没事,你就代表南大、代表我去,不用担心,一定行的。"果然,周晓方表现出色,"从那以后,我的自信一下子被激发出来了"。

名门之后,奋斗在动荡年代

事实上,孙钟秀本人也有对自己产生重大影响的良师——父亲孙光远是著名数学家,被誉为中国近代数学奠基人之一、中国微分几何与数理逻辑研究的先行者。

1936年生于南京的孙钟秀,童年时代就经常得到父亲的鼓励。父亲希望他也能成为大学教授,也曾和孙钟秀聊起自己从一个秀才之子奋斗成大学教授的故事,特别是在美国刻苦攻读博士学位的经历。

孙钟秀本人倒也天资聪明,不到5岁就上了小学。不过当时他却处于动荡的年代。"我们在抗日战争大后方的重庆,环境比较艰苦,我读小学时用的书全是黄色的草纸本,常常看不清楚。"

然而这却不会影响孙钟秀发挥在学习方面的过人天赋。1953年,孙钟秀考入了南京大学数学系,"度过了紧张而愉快的4年"。

他发现,大学的学习和中学不一样,要求学得深、学得活,对基本概念要理解得深,对方法技巧要掌握得活。迅速掌握要领的孙钟秀不改"学霸"本色,专业课门门都是优秀。

但他不因为得"优"而沾沾自喜,在学习上总是不满足。平时,特别是在暑假,他大量阅读参考书,做习题集,逐渐培养了自学的习惯和能力。在他看来,

"要多问自己'为什么',以求理解深刻;少问别人,以提高自学能力"。

然而他绝不是个书呆子,有时间就参加各种文体活动,还是校垒球队队员和校国乐社团成员。

大学毕业后,孙钟秀留校任教,一开始专业方向是拓扑学和微分几何,后转到数理逻辑,再转到计算机科学。

赢得外国同行尊重

1965年,国家派孙钟秀远赴英国学习计算机。"当时我还不到30岁,又是第一次出国,心情比较紧张,但是信心很足,决心学好回国作贡献。"

到英国后,他被安排在当时英国最大的计算机公司ICT(后改名ICL)学习。在学习之前,摆在面前的第一件事就是租房子。在去看房时,房东看孙钟秀和同伴是"有色"人,就说:"对不起,已经租出去了。"因为对方很客气,孙钟秀倒也并不在意。不过陪同找房的老华侨事后却气愤地说:"他看不起我们。"在租房这件事上,孙钟秀第一次尝到了被歧视的味道。

到ICT公司后,他被安排在一个小组,从事逻辑设计方面的工作。

由于当时我国计算技术比较落后,孙本人在学校从事的工作又偏理论,刚开始感到困难不小。据孙钟秀回忆,在讨论中那些英国人十分傲气,而自己则是憋了口气努力去学,有问题也不轻易问人。

过了一段时间,孙钟秀渐渐赶了上来,在讨论中发表的意见越来越有分量。他发现外国同行也变得越来越客气。

不久之后,在一次审查图纸中他发现设计有错误,就向组长指出了这一问题。而这位负责人听了不以为然,武断地认为没有错。"后来按图纸装出后在调试中发现确有错误,只好按我的意见改了。自此以后,他们对我客气多了,有时还主动来征求我的意见。"

有一次,英方工作人员把公司总工程师设计的部件逻辑图给孙钟秀看,征求其意见。他看了后认为设计还可以简化,并把改进的设计方案制定了出来。对方非常钦佩:"太好了! 能让我把你的设计带回去看吗?"

这段留学经历让孙钟秀深深地感到:"一个人没有实力,人家就看不起你,进而一个国家没有实力,外国也不会看得起的。"自此,他更是"决心要为建设伟大的祖国而努力奋斗!"

后来他用持续努力和多项成就兑现了当年对自己的承诺,即使是在被帕金森综合征折磨的人生最后20多年里,他也没放松过自己,直到去年5月,他才告别了留恋不舍的家人朋友,离开了深爱的计算机世界。

参考资料

1.南京大学校史编写组编著.南京大学史(1902—1992).南京:南京大学出版社,1992.

2.南京大学高教研究所编.南京大学大事记(1902—1988).南京:南京大学出版社,1989.

3.程民德主编.中国现代数学家传,第二卷.南京:江苏教育出版社,1995:70-75.

4.中央大学南京校友会,中央大学校友文选编纂委员会编.南雍骊珠——中央大学名师传略.南京:南京大学出版社,2004:279-282.

5.张奠宙,王善平.陈省身传.天津:南开大学出版社,2004:37-38.

6.中国科学院学部联合办公室编.中国科学院院士自述.上海:上海教育出版社,1996:778-779.

7.江苏省科学技术协会编写,徐耀新主编.江苏科协五十年1959—2009.南京:江苏人民出版社,2009:10-11,250,262,265,269.

8.方延明.求索者的路.中国电子报,1987年12月6日,第4版.

9.高丽华.成功归于集体　希望寄寓学生——记新当选的学部委员孙钟秀教授.计算机世界,1992年4月8日,第5版.

10.百度网页.有关"国家高技术研究发展计划(863计划)"的资料.

11.卢昌华,杜亚利主编.中国人民政治协商会议第九届全国委员会第一次会议纪念日记簿 1998.北京:中国文史出版社,1997.

　　12.国家教委有关高等学校计算机科学与技术教学指导委员会的资料.

图书在版编目(CIP)数据

钟山之秀:孙钟秀院士纪传 / 叶蓉华主编. —— 南京 : 南京大学出版社, 2016.6
(南京大学名家传记丛书 / 张异宾主编)
ISBN 978-7-305-17064-5

Ⅰ. ①钟… Ⅱ. ①叶… Ⅲ. ①孙钟秀(1936-2013) - 传记 Ⅳ. ①K82826.16

中国版本图书馆CIP数据核字(2016)第122953号

出版发行	南京大学出版社	
社　　址	南京市汉口路22号	邮编　210093
出 版 人	金鑫荣	

丛 书 名	**南京大学名家传记丛书**	
书　　名	**钟山之秀——孙钟秀院士纪传**	
主　　编	叶蓉华	
责任编辑	胡　豪	编辑热线　025-83594071

照　　排	南京紫藤制版印务中心	
印　　刷	南京凯德印刷有限公司	
开　　本	787×960　1/16　印张 11.75　字数 170千	
版　　次	2016年6月第1版　2016年6月第1次印刷	

ISBN 978-7-305-17064-5

定　　价	50.00元

网　　址	http://www.NjupCo.com
新浪微博	http://e.weibo.com/njuyzxz
官方微信号	njupress
销售咨询热线	025-83594756